Filhos seguros no mundo atual

CB124557

CONFORME ACORDO
ORTOGRÁFICO DA LÍNGUA
PORTUGUESA (AOLP)

Dados Internacionais de Catalogação na Publicação (CIP)
(Câmara Brasileira do Livro, SP, Brasil)

Rosas, María
Filhos seguros no mundo atual/María Rosas; tradução All Tasks. -- São Paulo: Cengage Learning, 2009. -- (Coleção aprender para crescer)
Título original: Hijos seguros en el mundo actual

Bibliografia
ISBN 978-85-221-0749-0

1. Crianças - Medidas de segurança 2. Crianças e violência 3. Educação para segurança I. Título. II. Série.

09-02392 CDD-363.1072083

Índices para catálogo sistemático:

1. Crianças: Segurança: Problemas sociais 363.1072083

Filhos seguros no mundo atual

María Rosas

Tradução
All Tasks

CENGAGE Learning™

Austrália • Brasil • Japão • Coreia • México • Cingapura • Espanha • Reino Unido • Estados Unidos

CENGAGE Learning™

Filhos seguros no mundo atual
María Rosas

Gerente Editorial:
Patricia La Rosa

Editora de Desenvolvimento:
Fernanda Batista dos Santos

Supervisora de Produção Editorial:
Fabiana Alencar Albuquerque

Produtora Editorial:
Gisela Carnicelli

Título Original: Hijos seguros en el mundo actual
(ISBN-13: 978-970-830-072-8;
ISBN-10: 970-830-072-1)

Tradução:
All Tasks

Copidesque:
Shirley Figueiredo Ayres

Revisão:
Maria Vitoria Lima
Raquel Maygton Vicentini

Diagramação:
Alfredo Carracedo Castillo

Capa:
Souto Crescimento de Marca

Impressão e acabamento:
Gráfica Ave-Maria

© D.R. 2009 Cengage Learning Editores, S.A. de C.V., uma empresa da Cengage Learning
© 2010 Cengage Learning Edições Ltda.

Todos os direitos reservados. Nenhuma parte deste livro poderá ser reproduzida, sejam quais forem os meios empregados, sem a permissão, por escrito, da Editora. Aos infratores aplicam-se as sanções previstas nos artigos 102, 104, 106 e 107 da Lei nº 9.610, de 19 de fevereiro de 1998.

Para informações sobre nossos produtos, entre em contato pelo telefone
0800 11 19 39
Para permissão de uso de material desta obra, envie seu pedido para
direitosautorais@cengage.com

© 2010 Cengage Learning.
Todos os direitos reservados.
ISBN-13: 978-85-221-0749-0
ISBN-10: 85-221-0749-1

Cengage Learning
Condomínio E-Business Park
Rua Werner Siemens, 111 – Prédio 20
Espaço 03 – Lapa de Baixo
CEP 05069-900 – São Paulo – SP
Tel.: (11) 3665-9900 – Fax: (11) 3665-9901
SAC: 0800 11 19 39

Para suas soluções de curso e aprendizado, visite www.cengage.com.br

Impresso no Brasil.
Printed in Brazil.
1 2 3 4 5 6 7   13 12 11 10

Dedicatória

Aos pais angustiados por tudo que seus filhos têm e terão de enfrentar: a influência da televisão e da internet, a insegurança, as drogas, a gravidez na adolescência... Não nos esqueçamos, porém, que também tivemos de lidar com situações que fugiam ao controle de nossos pais. Somente oferecendo aos nossos filhos uma forte dose de autoestima e segurança será possível enfrentar este mundo tão agitado que lhes coube viver.

Sumário

Apresentação da coleção Aprender para Crescer

Lembro-me perfeitamente de quando resolvi passar para o papel tudo o que sabia, ou pensava saber, sobre a formação e a educação dos filhos. Os meus, para começar, como início exploratório, sem dúvida constituiriam uma base exemplar. E por que não, se eu lidava diariamente com as essências mais puras referentes aos temas que preocupam a maioria dos pais, se eu havia vivido e continuava a experimentar em todo seu esplendor e dor os matizes da maternidade, se reconhecia na imagem que o espelho revela uma mulher dedicada à superação e à felicidade de seus filhos? Não estava totalmente errada, porém, ao suspirar sobre o respaldo de minha cadeira cúmplice e depois de meses sem esticar as pernas, compreendi que os filhos da minha narrativa haviam criado um tecido indestrutível entre meus sentimentos e minha realidade como mãe. Foi ao ler, perguntar, acomodar, suprimir e reconhecer que alcancei a imensidão do entendimento: são os filhos que nos carregam de energia para levá-los e trazê-los; são os filhos que projetam metas pessoais ao descobrir o mundo por meio dos nossos passos; são eles que nos abraçam nas noites mais confusas e solitárias; são nossos filhos que traçam, com invejável precisão, a bússola da união familiar. É claro que, como pais, nós nos graduamos com eles, mas também é verdade que o manual de convivência, desenvolvimento e harmonia é redigido em conjunto com os filhos, como um núcleo. Por isso compartilho esta coleção, *Aprender para crescer*, com todos os pais que dividem seus horários entre visitas ao pediatra e partidas de futebol e também a todas as mães que compreendem os carinhos e laços invisíveis – inclusive os da alma. Este compêndio de experiências, testemunhos, confissões e recomendações enaltece as vozes dos especialistas, orientadores, professores, mães e pais que provêm curiosamente de diversos caminhos, mas, porque traçam a vida assim, estão entre cruzes e sob pontes para tomarem fôlego e estenderem a mão. Que este seja o propósito de nossa paternidade: segurar com disciplina, amor, diversão, cautela e liberdade as mãos de nossos filhos e permitir que continuem caminhando para serem não apenas os melhores exemplos, mas também sólidos e eternos encontros.

Filhos seguros no mundo atual não parece tão descabido, a meu ver. Estou, ou pelo menos penso estar, a par de algumas das últimas novidades, lançamentos, estilos, modas e curiosidades aos quais os filhos estão expostos e, portanto, também interessados. Entretanto, não deixará de me surpreender o mundo tão agitado, contraditório, perigoso e contrastante no qual nossas crianças estão crescendo. Devemos estar alertas e ser realistas.

Introdução

Será que nossos filhos podem viver em segurança num mundo governado pelo caos econômico e social, com excesso de informações sensacionalistas, guerras, doenças e fome? Não temos como saber, mas o que devemos fazer, como pais de família, é fortalecê-los emocionalmente para que enfrentem, da maneira mais fácil possível, a situação de crise que atravessam a sociedade e mesmo a família. É comum que perguntemos a forma de fazer isso, que é simples: falar com eles francamente e, principalmente, fortalecer sua autoimagem, ensinando-lhes a importância de valores como o respeito, a solidariedade, a tolerância, a honestidade e coisas mais práticas como planejamento econômico e poupança.

Também é importante explicar-lhes tudo o que se relaciona à sexualidade e algo que nos preocupa, como pais desta nova geração: a gravidez na adolescência, as doenças sexualmente transmissíveis e a Aids. Temos de ensinar aos nossos filhos que eles devem cuidar do corpo e da saúde.

As crianças de hoje precisam contar com ferramentas suficientes para caminharem de maneira inteligente no mundo em que lhes coube viver: mudanças na velha concepção de família, divórcios, separações e outros assuntos delicados que nos passam pela cabeça, como abuso sexual, pornografia infantil e pedofilia.

Neste livro, abordamos todos esses problemas e sugerimos maneiras de evitar que nossos filhos sejam vítimas de pedófilos.

Um divórcio provoca danos inevitáveis nos filhos. Que fazer para que este seja menos traumático e doloroso?

A segurança emocional é fundamental para o bem-estar dos nossos filhos, e a segurança física é um aspecto igualmente importante, pois a própria vida está em jogo. Como organizar uma casa de maneira a evitar acidentes com as crianças? Que cuidados temos de ter? Quais são as restrições?

Embora nos incomode, é crucial falar com nossos filhos sobre todas as precauções que devem tomar ao andar na rua, e as razões pelas quais não devem falar com estranhos. Mais vale prevenir que nos arrepender por não ter cautela em matéria de abuso ou roubo infantil.

Neste volume são expostos todos esses temas preocupantes, mas que de nenhuma maneira devem nos paralisar. Prevenir, ficar atentos e falar com nossos filhos são as únicas possibilidades que temos para não sermos vítimas de alguma situação física ou emocional desagradável. Devemos ter a certeza de que nossos filhos estarão seguros neste mundo inseguro.

1

A segurança emocional de nossos filhos

Como pais de família, uma de nossas maiores preocupações é a segurança física dos filhos: que estejam bem; que nada ou ninguém lhes faça mal; que não venham a se queimar; quando começam a caminhar, temos medo que caiam e se machuquem; pedimos que andem de bicicleta com cuidado; evitamos deixá-los sozinhos por um minuto, com medo de que sejam sequestrados. Enfim, queremos o melhor para eles. De fato, se pudéssemos evitar qualquer dano físico a eles, tenho certeza de que todos nós, inclusive, daríamos a vida por eles. Contudo, alguma vez pensamos em sua segurança emocional? Damos isso por garantido, não é mesmo? Cremos que as crianças, pelo simples fato de terem casa, comida, escola, pai e mãe, estão suficientemente seguras. Em certa medida isso está correto, no entanto também temos a obrigação de fortalecê-las e animá-las todo o tempo, se quisermos que sejam verdadeiramente seguras. Se pudermos impedir que caia uma xícara de café quente e queime o braço de nossos filhos, também podemos evitar que se sintam inseguros ou receosos quando vão entrar em uma nova escola ou se não forem os melhores nadadores da equipe. "Como podemos fazer isso?", é a pergunta que provavelmente fazemos muitas e muitas vezes. A resposta é simples: reforçando sua autoestima. É uma palavra que já ouvimos e lemos em uma infinidade de ocasiões, e que encerra, em suas letras, a enorme possibilidade de que nossos filhos cresçam seguros de si próprios, confiantes, responsáveis e cuidadosos com suas próprias vidas.

> *A melhor herança que os pais podem legar aos seus filhos é ensinar-lhes o que querem para si próprios, embora consigam isso ao observar seus principais e mais importantes modelos. Por todos esses motivos, nós, pais, temos de revisar de maneira honesta nossa conduta e saber se somos coerentes e consistentes e, principalmente, se somos tão afetivos na forma de nos relacionar com nossos filhos.*
>
> Delgado

O que é autoestima? É a maneira pela qual consideramos a nós próprios; é o juízo pessoal de nosso valor e tem por base todos os pensamentos, sentimentos, sensações e experiências acumuladas durante a vida. Dessa maneira, se quando pequenos nossos pais fizeram com que nos sentíssemos pessoas valiosas, seremos adultos com uma imagem positiva de nós mesmos; mas, se tiverem feito de nós alvos de críticas, com repreensões e zombarias, o mais provável é que seremos adultos temerosos e inseguros.

A autoestima é a ferramenta mais importante com a qual devemos dotar nossos filhos; porém, junto com ela, também temos de lhes oferecer um conjunto de valores que os protejam para enfrentarem este mundo em que vivem.

> **Se desde pequenos nossos pais fizeram com que nos sentíssemos pessoas valiosas, seremos adultos com uma imagem positiva de nós mesmos**

Silvia Verástegui, mãe de Patricio e Emiliano – de 10 e 7 anos –, afirma que a serenidade da mãe é o ponto de partida para que toda criança sinta-se segura: "Por exemplo, se fico tensa toda vez que carrego, dou banho ou alimento meus filhos, principalmente quando as crianças são menores, eles sentirão que o mundo é um lugar inseguro, e que é por isso que fico tão nervosa ao atendê-los", afirma.

Segundo os especialistas em psicologia infantil, a segurança emocional de uma criança é uma espécie de antídoto contra o crescimento neurótico e distorcido. Ninguém quer que seu filho cresça inseguro, mas também não existem pais perfeitos; se conferirmos a verdadeira dimensão do círculo fechado do qual resulta o núcleo familiar, nenhuma criança florescerá sem que uma ou outra folha seque ou murche. O importante, para continuar com a metáfora, é que a terra esteja bem adubada e a árvore cuidada, que haja poda e que seja regada adequadamente. Assim é a família para uma criança. Nós, pais, não somos um poço de virtudes, pessoas que nunca se aborrecem, gritam, repreendem e explodem, prejudicando a autoestima dos pequenos. No entanto, o que ajuda a criança a superar os momentos em que seus pais se convertem em abomináveis monstros é o fato de viver em um ambiente geralmente seguro, amável, caloroso e protetor; um ambiente em que os pais também podem manifestar seus sentimentos sempre e quando essa demonstração não ofenda os filhos. A criança sente mais segurança ao saber que tem um pai e uma mãe de carne e osso, e não um casal de robôs que nunca erra.

Em seu livro *El niño feliz* (*A criança feliz*), Dorothy Corkille afirma que todas as crianças carecem da convicção de que podem acreditar no que dizem os pais, e que podem depender deles, já que foram agraciadas com uma ajuda amiga para a solução de seus problemas e com a satisfação de suprir suas necessidades físicas e emocionais.

Um elevado nível de autoestima implica a pessoa amar-se, admirar-se e respeitar-se. Pode-se dizer que essa é a chave para ter segurança suficiente de si próprio, para estabelecer relações gratificantes e positivas com os demais, para enfrentar as adversidades com otimismo, para arriscar a lutar pelo que queremos e para desenvolver nossas próprias capacidades.

A criança com autoestima positiva, além de ser um indivíduo seguro, tem como valorizar suas conquistas e a dos outros; expressa adequadamente suas emoções; é aberta para receber o afeto de quem as rodeia e confia em suas capacidades.

A autoestima negativa faz com que nos sintamos incapazes e inadequados, além de que nos leva a agir de maneira insegura e dependente da opinião e aprovação dos outros.

Marcha no mundo uma revolução tecnológica que modifica tanto a sociedade como as culturas, e hoje já se fala da sociedade do conhecimento e da cultura dos meios de comunicação. Entretanto, o ritmo tecnológico não vem acompanhado do correspondente amadurecimento humano, e é esse desequilíbrio que gera os profundos problemas sociais.

BARBOZA

Muitos de nós já escutamos ou nos perguntamos: "Para que ter filhos se o mundo está de ponta-cabeça? Trazê-los para sofrer com a fome, guerras, armas químicas e insegurança? Não, obrigado". Pensar assim resulta na formação de crianças inseguras e temerosas. É melhor que nos esforcemos para torná-las pessoas seguras e capazes de enfrentar todos os desafios que lhes apresente o século XXI, assim como candidatos ideais para converter o mundo em um lugar melhor para seus próprios filhos. Vamos dar-lhes segurança neste mundo tão inseguro.

Certamente não coube a nossos filhos o melhor momento da humanidade, mas tampouco a nós, quando éramos crianças. Já escutei centenas de vezes o argumento de que nos desenvolvemos melhor porque brincávamos e crescemos de fato na rua. É claro que a situação não era tão perigosa, e agora nossos filhos dificilmente conhecem algum parque. Isso tudo está correto, mas também é certo que antigamente não contávamos com todas as atividades extraescolares com que contam as crianças de hoje. Nem sequer imaginávamos crescer tomando parte do maravilhoso mundo das novas tecnologias como os computadores, a internet, os jogos interativos e mais uma infinidade de coisas.

Não podemos dizer que ontem era melhor. Antigamente, as pessoas morriam mais jovens e não existiam os avanços como os de hoje na neurofisiologia ou no próprio desenvolvimento infantil, que permitem melhorar a qualidade da vida humana. Da mesma forma, tem sido possível incrementar o número de anos na expectativa de vida dos mortais.

Todos os avanços na medicina, na pedagogia e na psicologia infantil nos ensinam que, para que uma criança cresça emocionalmente segura e sadia, é necessário fomentar nela a aceitação, a confiança e a segurança.

> *Os avanços, as regras e os ritos familiares estão a serviço da estabilidade familiar, funcionam como marca de identidade para as diferentes famílias e estão a serviço do sentido de pertencer.*
>
> LUJÁN

Os especialistas asseguram que o amor próprio começa a se formar nos primeiros anos de vida por meio das relações com a família, amigos e na escola. Durante as fases da adolescência se reafirma, e na idade adulta os sucessos e os fracassos continuam repercutindo na maneira como nos autoavaliamos.

Segundo especialistas em psicologia infantil, a segurança emocional de uma criança é uma espécie de antídoto contra o crescimento neurótico e distorcido

---

Nora Vásquez, psicopedagoga, afirma que "a criança se vê como os adultos dizem que ela é, e, por isso, os comentários dos pais as afetam tanto. A atitude que estes adotam diante dos filhos é primordial, já que determina em grande parte o grau de autoestima que a criança terá".

Flor Suárez, mãe de Laura, Carolina e Daniel – de 11, 9 e 7 anos –, afirma que quando era pequena recorda de ter sido temerosa, assustada e com uma imagem de si própria como uma menina frágil e insegura. Afirma também que tudo isso foi decorrência de uma enfermidade que transformou seus pais em seres apreensivos e superprotetores. "Eles tinham um conceito de mim na base do 'oh, coitada da nossa pobre filha'. Longe de me ajudarem a fortalecer minha autoestima, eles a debilitaram", afirma.

Tudo aquilo que, como pais, fazemos ou dizemos de nossos filhos influi no conceito que eles formam de si próprios. Por isso, para estimular a autoestima das crianças, os psicólogos infantis recomendam fortalecer três áreas:

1. A formação da identidade: a criança aprende a se respeitar e a se amar quando os demais – especialmente seus pais – a fazem se sentir importante.

Quando as crianças veem de forma positiva e importante suas características e, em geral, sua personalidade, começam a aprender a forma de aperfeiçoar significativamente suas habilidades.

Minha filha Lucía, por exemplo, possui uma qualidade nata para escrever contos. Sua imaginação é fantástica, sempre procura fazer com que as palavras rimem e aprendeu a usar metáforas.

Eu já havia notado, mas desde que sua professora inscreveu um conto dela em um concurso, ela tem feito tudo que se imagina para escrever histórias. Sabe que tem potencial e o elabora. De fato, quando alguém lhe pergunta como ela se define, a primeira coisa que diz é: "Alguém que gosta muito de escrever". Não sei se isso tem a ver com o que recomendam os psicólogos infantis a respeito da formação da identidade infantil, mas vejo que minha filha sente-se muito orgulhosa com esse traço de sua personalidade.

Uma parte importante na formação da identidade da criança é o conhecimento de seu próprio corpo, o reconhecimento das semelhanças e diferenças que tem a respeito das outras crianças. É preciso ajudar nossos filhos a valorizarem suas próprias características físicas e explicar-lhes algumas das razões pelas quais as pessoas diferem entre si. Isso os tornará tolerantes, e a tolerância é um importante valor de convivência. Além do mais, isso os ajudará a sentirem-se seguros em aceitar que existe uma diversidade de raças, traços físicos etc. A tolerância à diversidade ajuda-nos a sentir que somos únicos e não repetidos, e que as demais pessoas são diferentes de nós, mas elas também são únicas. A criança que puder experimentar isso deve se sentir muito orgulhosa com as ferramentas com que seus pais a dotaram no mundo.

Outro aspecto importante para que a criança tenha bem clara sua identidade é que a ajudemos a identificar seus pontos fortes e fracos. Se como adultos nos sentimos seguros em saber aquilo que podemos fazer e quais são nossos pontos fracos, pensemos o quanto é importante para uma criança que enfatizemos aquilo que ela faz bem e como podemos ajudá-la a melhorar aquilo que lhe dá mais trabalho.

"Este pode parecer um exemplo bem simples. Minha filha Amalia é muito amável. Esse é um de seus pontos fortes. Eu a ajudo e lhe digo que as pessoas se sentem muito bem quando ela se demonstra amável. Especialmente quem nos visita ou telefona", comenta Dunia Salazar.

2. O sentido de pertencer é outra área que, segundo os especialistas, contribui para enfatizar a autoestima da criança.

Como é importante, até para os adultos, saber quem são os membros de sua família direta, não é mesmo? É preciso ensinar à criança como identificar os parentes (tios, avós, primos etc.) e fazê-la se sentir amada e respeitada por eles.

É preciso reforçar, na criança, seu senso de pertencer, dizer-lhe o quão importante ela é para a família e como todos se orgulham de tê-la como parte do grupo. O mesmo se deve fazer com os amigos e colegas de escola. Saber que pertencemos a um grupo faz com que nos sintamos profundamente seguros.

3. A capacidade de influenciar nas situações é um ponto que promove a segurança em pessoas de qualquer idade.

"Recentemente, saímos de férias e meu filho Jesús, que tem 12 anos, foi encarregado dos mapas das estradas. Ele dizia ao seu pai o nome da cidade seguinte e a que distância se encontrava o lugar aonde queríamos chegar. Pude perceber que o garoto se sentia muito importante. Essa sua participação como guia fortaleceu sua autoestima e o situou em um lugar especial, dentro da família", relata Paulina Álvarez.

Esses três aspectos são importantes para a formação da personalidade e da autoestima da criança, mas, como pais, gostaríamos de saber o que mais devemos fazer para que nossos filhos aprendam a amar a si próprios e a se sentirem seguros por fazer parte deste mundo.

A confiança em si mesmo é o germe do autoconhecimento e da autoafirmação.

RUBIO

Sem dúvida, o que temos de exercitar cotidianamente é um interesse genuíno pelo desenvolvimento dos nossos filhos; porém, mais que isso, o transcendental é que eles se deem conta da necessidade que, como pais, temos de seguir de perto suas realizações, sua evolução e seus interesses. Essa presença constante os faz sentir sua importância e o quanto são respeitados. Por isso, os piores inimigos da autoestima, da segurança e da confiança pessoal são a crítica, o castigo e a ameaça.

Escrevendo isso e lendo todos os autores que abordam a autoestima infantil, pergunto-me por que não somos tão generosos com nossos filhos como somos a respeito dos demais. Um dia recebemos a visita de uma amiga muito querida e de seu pequeno "bagunceiro". O garoto, Sebastián, de apenas 5 anos, fez e desfez em minha casa tudo aquilo que eu jamais permiti a Lucía e Daniel. Nunca falei nada, mas pensei que se algum de meus filhos tivesse feito tudo aquilo, certamente os teria repreendido e castigado; até chego a me escutar lhes perguntando: "Que é que vocês estão pensando? Não conseguem perceber o que estão fazendo?".

É triste reconhecer, mas, por vezes, carecemos de generosidade, tolerância e paciência com nossos próprios filhos.

Quando chamaríamos de tolo um amigo que, sem querer, tivesse derramado o café? Daniel, meu filho – que tem problemas de coordenação motora –, teve que sair da mesa várias vezes por ter derramado água, mesmo sem querer, ao se servir, depois de ter sido repreendido por sua exigente mãe.

Confiança e segurança: aliados incondicionais

Quando careço de reforço de segurança, costumo recorrer a alguma amiga em quem confio e que certamente não me criticará nem julgará. Com as crianças acontece a mesma coisa: confiar em nós, adultos, seus pais, fornece-lhes uma grande segurança. Faz com que se sintam ouvidos e aceitos. Mas também é essencial para sua autoestima dizer-lhes que confiamos nelas e em suas capacidades.

María Elena de Bernal, psicoterapeuta infantil (www.contusalud.com – site em espanhol), afirma que uma forma de ajudar a criança a reforçar sua confiança é ensiná-la a trabalhar com metas. Ou seja, analisar junto com ela as tarefas não cumpridas – é importante que a criança tenha a suficiente disposição para falar e escutar – e deixá-la estabelecer sua própria meta. A criança deverá escrever essa meta em uma folha de papel e, se a cumprir, receberá exclusivamente expressões afetivas e reconhecimento social. "Lembre-se de que, se ela faz isso, não é para que você a aceite nem para lhe dar prazer." A confiança, afirma Bernal, é um tema delicado. As crianças têm capacidade de confiar nos outros quando se sentem seguros de seu ambiente.

É triste reconhecer, mas por vezes carecemos de generosidade, tolerância e paciência com nossos próprios filhos.

Como pais de família, preocupados em incutir em nossos filhos a suficiente confiança em si mesmos, o melhor que podemos fazer é oferecer-lhes um mundo estável, estruturado, com rotinas e horários estabelecidos.

> *Mediante a educação, devemos ajudar meninos e meninas a crescer como pessoas livres, com capacidade crítica, exigindo o melhor que cada um pode trazer para a sociedade, ajudando-os a se conduzirem racionalmente segundo a interiorização de papéis e valores morais e sociais.*
>
> Delors

De acordo com sua teoria de motivação, Abraham Maslow aponta como é importante para a criança sentir-se segura com algum tipo de rotina.

Parecem desejar um mundo ordenado e previsível. A inconsistência e a falta de continuidade na conduta dos pais parecem

> fazer com que a criança sinta-se ansiosa e insegura. Essa atitude pode ser devido ao fato de que o tratamento ameace fazer com que o mundo pareça pouco digno de confiança, inseguro e hostil.
>
> A criança pequena se desenvolve melhor sob um padrão que, embora com certo esboço de rigidez, conta com um programa de certo tipo, alguma espécie de rotina, algo com que se possa contar, não só no presente como também no futuro distante.

Em geral, a criança média de nossa sociedade prefere um mundo seguro, ordenado, previsível e organizado, que lhe proporcione paz e no qual não se sucedam fatos inesperados, incontroláveis ou perigosos e que, de alguma maneira, tenha pais onipotentes para protegê-la e livrá-la de todos os danos. Essa necessidade de segurança infantil, apesar de revelar a má forma como educamos os nossos filhos, convertendo-os em crianças inseguras, é uma realidade inegável e, quanto mais segura a criança se sentir no meio ambiente que a cerca, melhor ela crescerá e contará com mais ferramentas para enfrentar a vida adulta.

"Tenho tentado ser uma mãe confiável para meus filhos. Isso poderia parecer uma obviedade, mas não é. Eles sabem que as pessoas confiáveis são as que cumprem com suas promessas. Assim, entendem perfeitamente quando os advirto que se não deixarem de brigar haverá uma consequência. Sempre cumpro o prometido. Não tenho necessidade de repetir as coisas mais de uma vez. Também faço o que lhes prometo, como ir ao cinema ou sair para tomar um sorvete se acabarem os deveres cedo. Isso os torna bastante seguros", revela Sandra Latapí, mãe de Pablo, de 14 anos, e Matilde, de 10.

> *A relação família-escola assentará as bases para que a criança se sinta segura em toda sua plenitude no novo contexto escolar e para que este seja suficientemente gratificante e acolhedor, facilitando as condições básicas do aprendizado.*
>
> TENA

Assim como muitos pais, a preocupação de que nossos filhos tenham confiança em nós é constante e torna-se também importante demonstrar-lhes que confiamos neles. Certo dia, dei uma prova de confiança a meu filho, que ficou surpreso com minha nova atitude. Foi no horário do almoço. Daniel me disse que não queria sopa de arroz porque havia comido demais na hora do lanche na escola. Em vez de perder a calma e obrigá-lo a comer, decidi que confiava nele e que provavelmente na hora do jantar ele se sentiria com mais apetite, afirmando:

"Se você não quer comer, não coma, mas lembre-se de que não haverá doces nem biscoitos até a hora do jantar." Às oito da noite devorou um bom filé e salada. Pode parecer um exemplo inócuo, mas lembremo-nos de que o dia a dia está repleto de pequenos detalhes, por meio dos quais demonstramos aos outros aquilo que queremos, que confiamos na pessoa e que nos agrada sua maneira de ser.

Ana Luisa Sánchez – mãe de Inés, de 12 anos, Paula, de 10, e Sebastián, de 6 anos – comenta que uma das formas pela qual conseguiu que seus filhos confiassem em si próprios foi permitindo-lhes manifestar seus sentimentos negativos como desgosto, mal-estar e raiva.

"Aprenderam que não faz mal senti-los, mas que devemos controlar a forma pela qual nos expressamos. Deixo-os a sós por um momento, em casa, e aí podem fazer o que quiserem, menos se lamentarem entre eles ou a alguém mais. Uma vez acalmados, pergunto-lhes se querem discutir o problema, e assim o fazemos. Paula é a mais segura dos três, reconhece que embora se sinta muito desgostosa com determinada situação, continua sendo uma menina de valor, que sabe defender aquilo em que acredita."

Para reforçar sua autoestima, é fundamental que os façamos se sentirem especiais: quando estão em casa gostam de notar que apreciamos sua presença e quando estão fora, que estão fazendo falta.

"As expectativas conscientes ou inconscientes dos outros sobre as qualidades da criança são transmitidas a ela e fazem parte do material mediante o qual configura sua autoimagem. A criança classifica a si mesma tomando como critério inquestionável o juízo dos demais sobre sua pessoa e assume as atribuições que os outros fazem dela, ou acham que fazem", explica o Dr. José Rubio em seu artigo "Narcisismo y Carácter" ("Narcisismo e Caráter").

Munindo-nos de valor para armá-los de valor

Muito se fala hoje dos valores e da sua recuperação diante da crise que a família atravessa. Mas pouco sabemos, cientificamente, o que são valores e quais os que melhor ajudam nossos filhos a crescerem emocional e socialmente sadios.

Sendo humanos, desde que nascemos somos seres sociais que vivem sob regras, diretrizes e normas estabelecidas pelo grupo no qual nos desenvolvemos. Por isso, é necessário formar a criança para a interação em conjunto. Aprendemos esses padrões de conduta social, em primeiro lugar, dentro da família. O núcleo familiar permite e estimula as primeiras reações humanas e fomenta normas e valores que nos orientarão por toda a vida. É a família que, mediante o exemplo, permite à criança introduzir as atitudes relacionadas com os valores e as normas que podem ser aplicadas tanto a si mesma como aos demais. Por isso, o exemplo que colocarmos perante nossos filhos é importante para ajudá-los a descobrir os valores por meio de experiências significativas. É fundamental que respirem os valores, que os vejam, os sintam, os aprendam e os façam seus de maneira natural.

Pouco sabemos, cientificamente,
o que são valores e quais os que
melhor ajudam nossos filhos
a crescerem emocional e socialmente sadios.

Os papéis da família e da escola são de imensa responsabilidade no que se refere à transmissão de valores.

A educação deve preparar a criança para desenvolver sua personalidade, aptidões e capacidade física e mental ao máximo de suas possibilidades; incutir-lhes o respeito pelos direitos humanos e pelas liberdades fundamentais; o respeito por seus pais, pela sua própria identidade cultural, por sua língua e seus valores; deve prepará-la para assumir uma vida responsável em uma sociedade livre, com espírito de compreensão, paz e tolerância, com igualdade dos sexos e com amizade entre todos os povos, grupos étnicos, nacionais e religiosos e com as pessoas de origem indígena, mostrando a elas o respeito pelo meio ambiente.

Fonte: Convenção Internacional sobre os Direitos da Infância, artigo 29.

Sem sombra de dúvida, a família é o primeiro espaço de aprendizagem para as pessoas. É nela que se oferece cuidado e proteção à criança; também contribui para sua socialização e ensinamentos sobre a importância dos valores. Ou seja, a família revela a seus membros o que deles se espera, levando-se em conta o que se considera desejável e valioso para a sociedade.

Outra tarefa da família é acompanhar a evolução das crianças no processo de escolarização, uma excelente maneira de se introduzirem em diferentes âmbitos sociais. Por intermédio dessas funções, a família contribui para educar a criança para que esta possa ser autônoma, emocionalmente equilibrada e capaz de estabelecer vínculos afetivos satisfatórios.

Transmitir aos nossos filhos aqueles valores que lhes servirão para enfrentar o mundo exterior é uma das principais heranças que legamos a eles. Se a criança cresce em um meio familiar de tolerância e respeito, aprenderá a relevar as diferenças que existem entre ela e as demais, saberá como ser respeitada e porque deve respeitar os outros. Se a constância e a disciplina são características próprias dos pais, a criança será disciplinada e saberá que sem a constância e o esforço que esta implica não poderá avançar muito, por mais que corra.

Nós, os pais de hoje, constantemente nos perguntamos qual nosso papel e o da escola, na formação dos valores, se ambas as instituições estão em crise. Entretanto, como pilares do desenvolvimento humano e pelo fato de estarmos atravessando um período de transformação, devemos redobrar esforços para transmitir às crianças os valores de acordo com os novos modelos da família e da escola.

Hoje, não é possível criar um filho sob o parâmetro de uma família numerosa, em que o pai trabalha e é responsável somente pelo sustento da casa, enquanto a mãe remenda meias e engoma o colarinho das camisas. As crianças crescem agora com uma mãe que trabalha tanto quanto o pai, e, por isso, todos os membros da família devem cooperar com os trabalhos do lar. É assim que a criança absorve o valor da cooperação. Algo similar acontece na escola, onde não se permite maltratar a criança, quando, em épocas anteriores, o castigo com a régua, as orelhas de burro e outros tipos de humilhação eram as técnicas em vigor.

Há quem assegure que o excesso de comunicação entre pais e filhos vem levando estes à libertinagem. Não concordo. Quanto mais um pai falar com seu filho, mais elementos este terá para sair à rua e defender aquilo em que acredita. Comunicação não é sinônimo de perda de autoridade paterna. O problema é que, como pais, e em decorrência do excesso de informação com que contamos atualmente, talvez não saibamos estabelecer limites, nem tenhamos nos adaptado às novas demandas que a família de hoje exige, muito diferentes da família de antigamente.

Em entrevistas com uma grande diversidade de pais de família, ressalta-se o fato de que, apesar das mudanças que a sociedade sofreu, os valores que queremos transmitir aos nossos filhos são os mesmos que nossos avós e bisavós ensinaram aos filhos deles.

"Eu cresci com o valor do respeito, principalmente aos adultos. Meus filhos respeitam a todos, os de seu tamanho, os portadores de deficiência e os adultos. Entretanto, a mim, não ensinaram exigir que fossem respeitados os meus direitos como criança, mas meus filhos aprenderam isso na escola, pelos meios de comunicação e por nós, em casa", afirma Víctor Acosta, pai de três garotos, de 12, 10 e 7 anos.

> *Para o crescimento e a evolução da criança, são essenciais o amor, a compreensão, o alimento e o cuidado que recebe no seio familiar; mas, depois dos dois ou três primeiros anos de vida, é necessária sua incursão na esfera escolar.*
>
> Tena

No México, a SEP, em seu Programa de Desenvolvimento Educativo 1995-2000, afirma que "o acelerado desenvolvimento da ciência e da tecnologia provocam a rápida obsolescência de grande parte do conhecimento e do preparo já adquiridos. Como tal, a educação tenderá a diminuir a quantidade de informações, e, em lugar disso, reforçará valores e atitudes que permitam aos educandos seu melhor desenvolvimento e desempenho, assim como se concentrarem nos métodos e práticas que lhes facilitem o aprendizado por si próprios".[1]

A escola é o outro lugar onde a criança se mune das ferramentas necessárias para uma adequada socialização: ali aprende a esperar, escutar, refletir, questionar e compartilhar, e compreende o valor da amizade, entre outros. O contato com outras crianças, a observação e a aceitação de que existem outras formas de relacionamento e de obtenção de conhecimentos são aspectos fundamentais para que a criança possa crescer e se desenvolver. Esses fatores, mais a educação informal que o pequeno recebe em casa, constituem a base para sua formação de valores.

---

1. N. do E.: O Ministério da Educação, no Brasil, afirma que "o uso da tecnologia, aliado a uma perspectiva educacional comprometida com o desenvolvimento humano, com a formação de cidadãos, com a gestão democrática, com o respeito ao professor, poderá ser de grande importância para a qualidade social da educação", buscando assim a melhoria da qualidade da educação a partir dos princípios da autonomia, da colaboração, da participação, da igualdade de oportunidades e da inclusão social (http://portal.mec.gov.br).

Perguntas

Em matéria de cuidados infantis, nunca será demais nosso comportamento como verdadeiros inspetores de segurança, o que abrange as emoções dos filhos, seus sentimentos, temores e, é claro, seu corpo, sua saúde e integridade física. Por isso, é importante que nos perguntemos:

1. A segurança emocional das crianças é tão importante quanto sua segurança física. Temos nos preocupado com ela?
2. Entendemos o que é autoestima?
3. Sabemos como está nossa própria autoestima?
4. A educação informal que a criança recebe no lar está de acordo com as mudanças ocorridas na sociedade?
5. Elaboramos um inventário dos valores que estamos passando aos nossos filhos?
6. Por que me parece importante transmitir a meus filhos os valores que estou incutindo neles, e não outros?
7. A escola e nós – como pais de família – estamos de acordo com os princípios e valores que queremos que nossos filhos aprendam?

2

Para que falar de sexualidade com os filhos?

— Mamãe, quando eu nasci foi por que meu pai e você tiveram relações sexuais, não é verdade? — perguntou Lucía.

— Sim, Lu. Foi isso.

— Tá bom. E vocês fizeram o coito?

— O quê? — perguntei-lhe entre aterrorizada e envergonhada. — Lucía, de onde você tirou isso?

— Eu li em um livro que você e o papai compraram para o Daniel e para mim sobre o nascimento das crianças. Você não lembra?

Tomei coragem, peguei a mão da menina e lhe pedi que me mostrasse o livro. Mostrou-me e começamos a lê-lo juntas. Recordo que lhe pedi que, quando quisesse falar sobre esses temas, o fizesse somente comigo, com suas professoras da escola ou com seu pai. Ela me perguntou se era ruim falar sobre essas coisas. "Não que seja ruim" — disse-lhe —, "simplesmente são temas delicados; por isso é melhor falar com os adultos, porque, às vezes, as crianças não sabem muitas coisas, então inventam e se enganam".

Mudei de assunto e minha filha nem ligou.

Guadalupe Pérez, mãe de Andrés e Humberto, de 14 e 12 anos, conta que quando o menor tinha 7 anos, estavam todos assistindo à TV e de repente o garoto se levantou e perguntou se alguém podia lhe dizer o que era uma camisinha. "Senti uma espécie de vergonha, enrubesci, pensei que Humberto tinha mexido nas gavetas de seu pai e só consegui dizer: 'Pergunte ao seu pai'."

Sem dúvida, ter de falar sobre temas de sexualidade com nossos filhos nos causa certo mal-estar, mas trata-se de um assunto que não deve ser prorrogado por muito tempo. As crianças conseguem muitas informações dos meios que as cercam, e é melhor que esclareçamos suas dúvidas. É óbvio, de acordo com a idade e desenvolvimento psicológico delas.

Por exemplo, a respeito do corpo, os meninos aprendem desde pequenos que há certas partes diferentes de outras. Essas partes diferentes geralmente causam vergonha, são vistas como sujas e não devem ser tocadas e nem chamadas pelo nome. Tendemos a chamar o pênis e a vulva com apelidos que nos parecem mais suaves ou simpáticos, em lugar de os chamarmos pelo seu nome mesmo, e quando as crianças tocam ou mostram essas partes de seus corpos, dizemos sem maiores explicações: "pare com isso", "não ponha a mão", "não levante a saia", "não mostre sua calcinha".

Existem vários estudos nas áreas de pedagogia, medicina e psicologia que reconhecem a importância de uma compreensão sadia da sexualidade para o desenvolvimento infantil.

O que mais confunde os menores a respeito da sexualidade é a falta de clareza nas informações que recebem

---

Entretanto, os educadores – inclusive pais de família – assumem diante desse tema posições que vão desde o "deixa para lá" até posturas simplesmente dogmáticas e estritas, que põem em evidência nossa imensa falta de informação a esse respeito. Seria pouco feliz dizer que desejamos legar aos nossos filhos ou alunos as mesmas carências informativas com as quais crescemos. Todos nós procuramos oferecer às crianças uma educação sexual sadia, livre de preconceitos, em harmonia com o crescimento infantil e que não as encha de sentimentos de culpa nem de associações negativas sobre seu corpo.

Para compreender o que é educação sexual, os especialistas na matéria afirmam que ela consiste em oferecer à criança informações completas e verdadeiras de tudo que se refira a sexo sob um clima de absoluta liberdade, respeito, lealdade e ternura. Para consegui-lo, sente-se falta de uma atitude aberta – de pais e mestres – com base na compreensão, tolerância, respeito e aceitação.

A psicóloga educadora Norma Patrón afirma que "nosso ideal deve ser abordar tudo o que for relacionado ao sexo de maneira tão neutra e objetiva como a que se emprega para qualquer outro assunto. A primeira coisa a fazer é responder às perguntas sobre sexo do modo mais franco, direto e honesto que nos seja possível".

Na verdade, a maioria dos pedagogos contemporâneos considera que a educação sexual deve ser iniciada desde o momento do nascimento do bebê, para que se desenvolva paralelamente ao seu crescimento.

"Olhe, o que mais falei sobre educação sexual com minha filha Samanta tem a ver com menstruação. Ela tem 11 anos e creio que o que sabe é suficiente para sua idade. É claro que sabe como nascem os bebês, mas para que vou falar da Aids e das doenças sexualmente transmissíveis? Acho que isso a angustiaria e não considero que tenha o desenvolvimento psicológico adequado para saber mais do que deve de acordo com sua idade", afirma Luz María Estivil, mãe de uma menina de 11 e de um menino de 8 anos.

> *A sexualidade é determinada por normas e valores culturais. Inclui o desenvolvimento do corpo, a percepção do gênero, das emoções, aspectos psicológicos, de identidade e de formas de expressão. Tem aspectos eróticos e não eróticos.*
>
> HIRIART

Gabriela Delgado, psicóloga educadora e especialista em sexualidade infantil, assegura que a sexualidade deve fazer parte de nossa filosofia vital, ou seja, deve merecer um lugar essencial em nossa escala de valores.

> Dar uma educação sexualmente sã tem a ver com permitir ao ser humano amar a si próprio através de seu corpo, de suas experiências e de seu contato com outras pessoas. Além disso, não se trata de um tema curricular com o qual vão ou não ser aprovados na escola. Trata-se de uma atitude diante da vida e isso radicaliza sua importância.

Quando pensamos no desenvolvimento sexual dos nossos filhos, a maioria de nós se limita a imaginar suas mudanças corporais e emocionais. Não obstante, as principais formulações teóricas sobre o desenvolvimento da criança e de sua sexualidade insistem não apenas nos primeiros anos de vida e nas mudanças próprias da puberdade, mas são também de fundamental importância nos primeiros meses.

A maioria dos autores que formulam uma teoria psicossexual do desenvolvimento infantil concorda em enfatizar a importância da relação mãe-filho para que a criança cresça mentalmente sã, assim como o espaço de interação entre eles e a percepção da criança sobre seu pai por meio de sua mãe.

A primeira etapa de desenvolvimento da criança é chamada oral. Nela, a energia sexual, ou a libido, encontra-se centrada na zona oral, já que a satisfação primordial das necessidades se dá a partir da alimentação e da relação da criança com o mundo exterior por meio da boca. É nessa fase que a criança adquire a confiança. Por isso, se a mãe for coerente e amorosa, se alimentar seu filho tranquila, relaxada, com amor e, além disso, o bebê perceber que existe uma boa relação entre seus pais, então, a criança conseguirá atingir o objetivo mais importante dessa etapa: a autoconfiança.

Norma Rosas, psicóloga infantil, explica:

> Desde que o bebê nasce até seus 2 anos, nós o fazemos se sentir seguro pela maneira de o tocarmos, de dar-lhe de comer, de o lavarmos, de trocarmos as fraldas e até pelo tom de nossa voz. Essas ações o deixam à vontade com seu corpo e suas emoções.
>
> Os pequenos podem desenvolver sentimentos saudáveis sobre sua sexualidade se fizermos todas essas coisas de maneira agradável e com carinho. Entretanto, é preciso ter em mente que a

criança explora seu corpo. Aprende logo que é agradável tocar nos órgãos sexuais. É bom deixar que desfrutem disso. Se gritarmos ou pegarmos suas mãos, irão fazê-lo de qualquer forma, mas se sentirão culpados e não terão confiança no futuro quando necessitarem de orientação sobre sexo.

"Para mim é um alívio que a escola se encarregue de falar sobre o tema da sexualidade", garante Patricia Calva, mãe de Fernanda, de 13 anos, Carmen, de 10, e Pablo, de 6 anos.

À medida que a criança cresce, seu mundo pouco a pouco adquire um valor diferente

Em seu livro *10 charlas que los padres deben tener con sus hijos sobre carácter y sexo* (*10 bate-papos que os pais devem ter com seus filhos sobre caráter e sexo*), Pepper Schwartz e Dominic Capello afirmam que a educação dada na escola geralmente tem a ver com as trompas de falópio, o esperma e os ovários, porém nada relacionado com o que as pessoas sentem em seus corpos nem como interpretar as cenas de sexo que constantemente assistem no cinema ou na televisão. As crianças necessitam que seu pai e sua mãe estejam dispostos a escutar suas preocupações e ajudá-las a analisar detalhadamente a problemática sexual que se apresenta na vida diária.

Por sua parte, a Dra. Lucía Reyna, especialista no tema e dedicada à terapia familiar, garante que:

> A primeira etapa da sexualidade infantil tem tudo a ver com o ambiente afetivo que cerca a chegada do bebê. Muitos pais de família pensam que sexualidade e genitalidade são a mesma coisa, mas não é bem assim. A genitalidade é um tema biológico, natural, enquanto a sexualidade – embora também seja um assunto natural – está muito relacionada com questões afetivas, sociais e culturais.

A sexualidade se expressa de diferentes maneiras, segundo a fase de desenvolvimento da criança. Infelizmente, nós, pais, só nos damos conta disso quando um filho nos bombardeia com perguntas relacionadas a sexo e que, na maioria das vezes, nos incomodam. É importante que compreendamos com exatidão que educação sexual não é simplesmente encher a criança com informações sobre reprodução, mudanças no corpo ou métodos anticoncepcionais existentes. É preciso abordar com elas as condutas, emoções, afetos, sentimentos, compromissos, responsabilidades e maturidade.

Os especialistas no assunto afirmam que aos 2 ou 3 anos, a criança já está em condições de receber os dados mais simples e que, a partir de então, convém não perder nenhuma oportunidade para ensinar-lhe sempre algo mais.

Norma Rosas comenta:

> Embora a tarefa de educação sexual esteja relacionada a todas as pessoas envolvidas com o desenvolvimento da criança, não há nenhum professor, educador ou especialista que possa fazer o que os pais fazem. A criança capta atitudes fundamentais para

sua evolução emocional ou sexual do ambiente familiar; condutas tão simples, como se seus pais estão satisfeitos com seu papel sexual ou se existe amor e confiança no lar.

Um dos aspectos que mais influi na sexualidade da criança é a forma de convivência existente entre os pais. O pequeno deve viver em um ambiente onde a relação de parceria seja dar e receber, de amor e respeito, e não um campo de batalha entre homens e mulheres.

É uma realidade inegável que em nossa sociedade existe o arraigado costume de não mencionar nada relacionado com sexo no seio da família. Na maior parte das vezes, os pais educam seus filhos com o exemplo de sua própria conduta e com toda a má informação herdada de seus progenitores, com sentimentos de culpa e plenos de temor quanto à sexualidade.

Norma Rosas argumenta que, como resultado dessa forma de educação, a criança geralmente aprende que os homens não devem manifestar o que sentem e que as mulheres, sim, podem chorar e têm a tarefa de criar e cuidar dos filhos. "Cada família estabelece suas próprias normas e costumes, porém, o que é de fato importante é pensar no bem-estar de cada um de seus membros. Devemos procurar fazer com que cada integrante da família desempenhe um papel equitativo que lhe satisfaça, em que todos se sintam com igualdade de direitos e obrigações, se respeitem e se ajudem sem distinção de sexo."

"Como mãe, tenho de reconhecer que sinto um grande medo de falar com meus filhos sobre temas de sexualidade, e creio que meus medos se originam por eu ter crescido muito desinformada. Antigamente, não era costume os pais falarem com seus filhos, mas agora, com tantas doenças e gravidez de adolescentes, o melhor é alertar os jovens", afirma Paula Montero, mãe de Dalia e Eduardo, de 11 e 9 anos.

À medida que a criança cresce, seu mundo pouco a pouco adquire um valor diferente. A mãe deixa de ser o mais importante e outras coisas tomam seu lugar, como brinquedos, lugares, outras crianças e o pai.

Angélica Ramírez, psicanalista infantil, explica em seu artigo "Acerca del desarrollo psicosexual" ("Sobre o desenvolvimento psicossexual"):

> A mãe já não é mais exclusivamente da criança. Esta reconhece que a mãe tem outras coisas para fazer e aceita que não é a única na vida materna. Ou seja, a criança sente-se suficientemente satisfeita para absorver outras experiências, inclusive as proibições, os hábitos de higiene, os "nãos" e até a traumática chegada do irmão. Durante essa etapa – conhecida como anal –, a libido se foca nos hábitos, e precisamente com estes a criança aprende a conhecer o funcionamento de seu corpo. Se a criança for aceita no ambiente familiar tal como é, a conquista fundamental será a autonomia.

Teresa Hernández representa um claro caso da maneira como fomos educados em matéria de sexualidade e traduz o que somos hoje como adultos:

"Com 35 anos, confesso que no âmago de minha família nunca falávamos de sexualidade e quando perguntávamos coisas quando crianças, as respostas eram muito elementares ou evasivas. Dessas coisas não se falava e ponto final. Minha mãe me explicava sobre a menstruação com vergonha, só quando não conseguia evitar e quando nos encontrávamos a sós. Obviamente não falávamos disso em público ou diante de outros membros da família, como meu pai e meus irmãos; só entre mulheres. No curso primário não se ensinavam essas coisas. A primeira vez que se tocou no assunto foi na sexta série[2] (quando tínhamos aproximadamente 12 anos). Mas o assunto era tratado de modo tão científico que ninguém relacionava o tema consigo ou com seu meio. É assim que se fomentavam tabus e desconfortos acerca de nosso próprio corpo, em um momento tão delicado da vida, como é a pré-adolescência. Os educadores se dirigiam aos estudantes de ambos os sexos da mesma forma. Entretanto, as garotas só falavam sobre as coisas do sexo entre si; à nossa moda, claro; porém, não em profundidade, já que estávamos abordando temas que pareciam extremamente íntimos."

> *Uma das primeiras lições que a criança necessita aprender é como respeitar os limites dos membros da família e dos amigos. Essa habilidade as ajudará a estabelecer fronteiras quando se apaixonarem por alguém ou quando alguém se apaixonar por elas.*
>
> Schwartz e Capello

2. N. do E.: No Brasil, com a extensão do ensino fundamental para nove anos, a sexta série equivale ao quinto ano do ensino fundamental atualmente.

Em matéria sexual, hoje a responsabilidade dos pais é enorme e os especialistas nos aconselham a assumir o corpo como um presente da criação, aberto ao amor, à criatividade e ao gozo. Isso não significa que temos de ser permissivos ou aprovar a promiscuidade entre nossos adolescentes. Para poder orientar corretamente os filhos é necessário que, como pais, sejamos donos de informações suficientes sobre o desenvolvimento sexual humano, que manifestemos uma atitude aberta, que convidemos nossos filhos ao diálogo e que confiemos em nossa própria intuição e na evolução da criança, de acordo com sua idade.

A partir dos 4 anos, fase em que a criança já fala e tem amigos, dá-se o início da aquisição de mais responsabilidades acerca dela mesma, começando a se vestir e a tomar banho sozinha, a perceber diferenças entre seu sexo e o sexo oposto. Angélica Ramírez afirma que durante essa etapa a libido está focada nas diferenças anatômicas dos sexos. Embora também, a partir de então, a socialização e a aprendizagem orientem o desenvolvimento infantil. "Esse período, chamado 'de latência', dura até a puberdade, fase que varia muito em idades e ambientes. É assim denominada porque a libido se encontra fundamentalmente voltada ao aprendizado", explica.

O que pensam os jovens?

Em pesquisas realizadas em alguns países latino-americanos e na Espanha, é surpreendente a necessidade de informação entre jovens. No entanto, é preciso que ela provenha de seus pais e não de amigos ou de conversas alheias à sua própria vida e de seus relacionamentos sociais.

De acordo com um relatório da Sociedade de Sexologia da Província de Viscaya, na Espanha, os garotos encontram a maior parte da informação sexual por meio de amigos de sua idade ou um pouco mais velhos e em revistas para adultos. As garotas, por sua vez, a obtém por meio de amigas de mesma idade ou um pouco mais velhas, mas não de material "pornô". Substituem essa fonte de informações por seus pais e mães.

Os jovens desconfiam de informações recebidas de amigos ou de adolescentes mais velhos, bem como aquelas provenientes de revistas para adultos

Os jovens desejariam que seus pais se convertessem na fonte principal de informação sexual. Esse dado, assinalam os estudos, manifesta um claro desejo de melhorar a comunicação sobre questões sexuais no nível familiar, bem como o desejo de que o pai e a mãe assumam essa função com mais proatividade.

Um dado interessante é que o jovem desconfia de informações recebidas de amigos ou de adolescentes mais velhos, bem como aquelas provenientes de revistas para adultos. Consideram seu próprio pai como a fonte mais confiável. Entretanto, também ressalta o fato de que os adolescentes não se atrevem, tanto quanto desejariam, a perguntar sobre questões sexuais no seio familiar, e se veem forçados a encontrar respostas na rua. Mas manifestam, sim, um desejo claro de recuperar esse diálogo com seus pais.

Da concepção popular do instinto sexual faz parte a crença de que o pai falta durante a infância, não aparecendo senão no período da puberdade. Essa carência é um erro de graves consequências, e a ela se deve nosso atual desconhecimento das circunstâncias fundamentais da vida sexual.

Freud

Os jovens contam com excessivos dados teóricos sobre a sexualidade, relacionados principalmente à reprodução humana e à anticoncepção, mas não tanta informação sexual como gostariam de ter, o que dificulta a aplicação desses conhecimentos em suas vidas e realidades. Os adolescentes querem saber mais e melhor acerca das questões relacionadas à sexualidade com o objetivo de evitar tantos problemas com o assunto.

O medo de relações sexuais, outro aspecto abordado nas pesquisas, transmite-se de pais e mães a filhos e filhas. As áreas de conhecimento que mais carecem de informações sexuais correspondem às relacionadas com o prazer, as primeiras relações sexuais e o prazer sexual mediante a masturbação, no caso de garotas.

O medo do descobrimento da sexualidade conserva vivo os velhos tabus, mantendo o adolescente na ignorância sexual. Isso propicia relações sexuais negativas, vivenciadas com medo, na clandestinidade e com alto risco de insatisfação, gravidez não desejada ou doenças sexualmente transmissíveis.

Destaca-se que as garotas são as que obtêm mais informações em casa, com um duplo efeito: aumenta a segurança sobre o que sabem, mas também aumentam as pressões com mensagens proibitivas, de controle e de medo a respeito da sexualidade e das relações sexuais, por parte de mães e pais.

Os especialistas em sexualidade afirmam que hoje os meninos começam a ser adolescentes de maneira prematura, em comparação a outras épocas. As razões variam, mas a vida nas grandes cidades, o clima, a alimentação e a informação são alguns fatores que favorecem a aparição das características sexuais. A adolescência é, sem sombra de dúvida, uma das fases mais difíceis e delicadas: "Além de mutante e rebelde, o adolescente exige encontrar sua identidade, seu objetivo na vida profissional e de parceria e, desde cedo, a independência emocional dos pais, embora sua atitude lhes peça limites. O jovem tem que se sentir entendido e esclarecido para tolerar suas ambivalências e necessidades", explica Ramírez.

Elementos básicos sobre sexualidade

Para abordar com sucesso o tema da sexualidade com nossos filhos devemos:

- Falar com naturalidade.
- Não ditar regras: a criança não mantém sua atenção por muito tempo e, além disso, quer fazer perguntas.
- Não dar a informação de uma só vez: leva certo tempo para entender aquilo que vale a pena aprender.
- Não dar apenas dados biológicos: trabalhar com toda a parte afetiva que implica a sexualidade.

→

- Falar de forma clara e simples, de acordo com a idade da criança: não devemos nos preocupar em falar demais, pois quase sempre a criança desvia a atenção quando não entende algo.
- Caso a criança utilize uma palavra grosseira para se referir ao tema, explique as razões pelas quais deve evitá-la. Também não devemos rir ou gracejar, pois isso tem um efeito ruim.
- Depois de responder às perguntas, comprovar que as palavras foram bem interpretadas e dar oportunidade para a criança voltar a perguntar.
- Responder sempre com a verdade, sem evasivas ou comparações com outros seres vivos que nada têm a ver com a sexualidade humana.
- Por último, não esquecer que não só educamos de forma verbal como basicamente o fazemos com nossas atitudes e comportamentos.

Fonte: Helene Arnstein, psicoterapeuta infantil.

A educação sexual é necessária?

As mudanças que têm transformado a família e a sociedade em seu conjunto colocam à mesa de discussão familiar a necessidade de recorrer à educação sexual. O crescente número de casos de gravidez indesejável e as alarmantes cifras de enfermos com

Aids obrigam a família e a escola a colocarem em prática novas maneiras de enfrentar o tema.

A sexóloga Viviane Hiriart (www.muypadres.com) aponta:

> Quando as partes sexuais ficam fora do nosso esquema corporal e não conseguimos integrar a sexualidade como mais um núcleo que faz parte de nossa vida, é mais fácil que surja uma série de situações complicadas de resolver. Por um lado, ao ver a sexualidade alheia a nós e com certa vergonha, ou até rejeição, torna-se mais difícil falar sobre ela, cuidar de nossa genitália, ter uma higiene adequada e comunicar quando temos algum problema ou infecção. Além do mais, ao não poder falar sobre o tema e senti-lo fora de nosso controle, ficamos mais vulneráveis a nos tornarmos vítimas de abuso sexual.

Por outro lado, diferentes pesquisas oferecem dados da realidade que revelam as consequências de uma educação sexual e afetiva inadequada: problemas de relacionamento, disfunções sexuais no casal, desajustes pessoais.

Os avanços científicos modificaram os conceitos tradicionais de saúde. Hoje, esta já não é apenas ausência de dor e enfermidade. É, antes de tudo, prevenção, o que abrange a dimensão sexual e afetiva. Por essas e outras razões, as nações desenvolvidas incluíram programas de educação sexual para manter sadia e informada sua população mais jovem.

A falta de educação sexual nos leva a enfrentar realidades dramáticas que poderiam ter sido evitadas apenas com a informação. Segundo estimativas do Conselho Nacional de População (Conapo), em 2005 houve 75,1 nascimentos para cada mil mulheres de 15 a 19 anos. Revela também que 17,4% dos nascimentos reportados no registro civil foram de mães com menos de 20 anos. Entre os adolescentes que tiveram relações sexuais, 82,1% conhecem um ou vários métodos anticoncepcionais, porém apenas 64,2% os utilizam, relata a instituição[3].

O medo do descobrimento da sexualidade conserva vivo os velhos tabus, mantendo o adolescente na ignorância sexual

Esses números preocupantes traduzem uma imperiosa necessidade de colocar ao alcance dos adolescentes informações sobre a sexualidade.

> *Vivemos em um mundo muito sexualizado. Há mensagens em toda nossa volta: no rádio e na TV, nos filmes, em revistas e na música. Usa-se o sexo para vender tudo, de álcool a produtos de beleza. Todo mundo fala disso por todos os lados, e nossos filhos a tudo escutam. Mas, em que pese tanto falatório, nossos filhos não contam com muita informação útil.*
>
> UMA MÃE DE DOIS ADOLESCENTES

3. N. do E.: No Brasil, de acordo com o IBGE em sua publicação Síntese de Indicadores Sociais, uma análise das condições de vida 2008, "a análise da maternidade revelou que a proporção das adolescentes de 15 a 17 anos de idade com filhos, em 2007, era, para o conjunto do País, cerca de 6,3%". Para mais informações sobre dados estatísticos, consulte o site do IBGE (www.ibge.gov.br).

As sociedades têm provas suficientes para enfrentar logo o desafio da educação sexual e começar a atender às principais necessidades dos educadores, pais e alunos. As evidências atuais nos obrigam, como pais de família, a não evitar essa problemática. O futuro e a segurança sexual de nossos filhos estão em nossas mãos.

A carência de informações sobre a sexualidade origina, em muitas pessoas:

- Insatisfação: estimula a mudança frequente de parceiro(a), porque a pessoa não consegue se sentir satisfeita e aumentam as possibilidades de adquirir uma doença sexualmente transmissível.
- Problemas de autoestima e com a imagem corporal.
- Pouco conhecimento de seu próprio corpo: não sabem que a exploração é natural em qualquer idade.
- Desconhecimento sobre o uso do preservativo: no caso de homens, não o utilizam na primeira relação, apenas com parceiras ocasionais para evitar doenças sexualmente transmissíveis; já as mulheres o utilizam como método para prevenir a gravidez.
- Muitos homens, por vezes, não se sentem responsáveis pela gravidez de sua companheira.
- Sentem medo e complexos, mas não se atrevem a comunicá-los.

Transcrito de www.sexosentido.com

Perguntas

Abordar o tema da sexualidade com nossos filhos nos faz tremer, pois não temos as informações necessárias e nossos pais e mães nos fizeram crer que pegava mal falar dessas coisas. Por isso, vale a pena nos perguntar:

1. Quais nomes utilizo com meus filhos para denominar a genitália? Pênis ou vagina me parecem palavras feias ou inapropriadas?
2. Alguma vez falei com meus pais sobre minhas dúvidas a respeito da sexualidade? Como obtive informações sobre menstruação e reprodução?
3. Como reajo quando meus filhos me perguntam a respeito da sexualidade?
4. Como pais de família, fazemos nossos filhos sentirem que estamos muito bem com nossos respectivos papéis sexuais?
5. Como o tema da sexualidade era tratado na minha família?
6. Respondo com naturalidade às perguntas que meus filhos me fazem?

3

Filhos seguros em relação ao divórcio

Atualmente, não é surpresa para ninguém que os índices de separação e divórcio são cada vez mais elevados. Dizem que entre 40% e 50% dos casamentos terminam assim. Quase 4 em cada 10 crianças nascidas entre 1980 e 1990 passaram parte de sua infância em uma família com apenas um dos pais. O futuro das crianças ante esse panorama tão pouco alentador mostra-se emocionalmente incerto, porque, se é bem verdade que estão crescendo sob um novo parâmetro de família e de relacionamento entre casais, é verdade também que sempre necessitarão de um pai e uma mãe. Juntos ou separados, mas sempre precisarão deles.

Uma das situações atuais que mais aflige os pequeninos é a separação de seus pais; e, estejam ou não separados, a criança se angustia ao ter tantos amigos e colegas de classe cujos pais não vivem juntos. É o caso de Lucía, minha filha, que frequentemente me pergunta se seu pai e eu vamos nos divorciar. E a pergunta é feita quando ela testemunha alguma desavença entre nós, ou quando volta da casa de alguma amiga cujos pais estão divorciados. Daniel, por sua vez, quando se depara com alguma diferença ou dificuldade entre Guillermo e eu, imediatamente pergunta se estamos chateados por sua culpa. A carga emocional de brigas, diferenças, separações ou divórcios é enorme para as crianças.

> *Frequentemente o divórcio favorece o crescimento pessoal, mas, para algumas pessoas, é considerado como um fracasso que gera graves sentimentos de culpa.*
>
> Marsellach

Não sou partidária do divórcio. Claro que, se houver violência ou algum vício de assustar, sou a favor, mas divórcio em decorrência de problemas cotidianos me parece doloroso demais para ser enfrentado se essas coisas puderem ser resolvidas de outra maneira. Não apoio a ideia de que "fico com meu marido em virtude dos filhos", tampouco sou fanática por teorias da mulher vítima, submissa e abnegada. O que creio, sim, é que uma relação de casal é um ato de vontade diária e, se houver filhos, mais ainda. A criança precisa se sentir segura, protegida e amada. As mães separadas podem resolver as coisas, e muito bem, mas o certo é que os pequenos exigem uma mãe e um pai. Por isso, quando o divórcio bate à porta é preciso ser muito cauteloso na forma de como o administramos diante de nossos filhos, de modo que a carga de culpabilidade que isso sempre acarreta seja a menos pesada possível.

> **O divórcio é um processo no qual todos os membros da família se veem envolvidos e que tem determinado tempo de duração**

Não existe um caminho que não seja doloroso para explicar a uma criança que seus pais estão se divorciando. Entretanto, a forma como a criança o encara depende muito da idade, se tem ideia de que o divórcio está a caminho, ou seja, se já vivenciou alguma separação dos pais, se testemunhou suas desavenças e se sente algo a respeito, coisa muito própria das crianças.

O que é mesmo uma verdade é que não se consegue ocultar essa dura realidade da criança, tampouco devemos mentir para ela. O divórcio não é um evento que acontece e pronto. Trata-se de um processo com o qual todos os membros da família se veem envolvidos e que tem determinado tempo de duração. Como pais, devemos estar sempre muito atentos às perguntas que a criança nos faz a respeito, com os sentimentos que a invadem e, principalmente, é preciso evitar que ela se sinta culpada pela separação. Os melhores prognósticos psicológicos para a criança cujos pais se divorciam afirmam que o processo de duelo dura de um ano e meio a três. Mas durante todo esse tempo é de capital importância que os pais façam com que a criança sinta que é amada, que continuarão protegendo-a e que a separação não tem nada a ver com ela. Também é importante que nenhum dos pais se expresse mal sobre o outro diante do filho ou tente fazer com que ele tome partido por algum deles. Isso é que causa o maior dano à criança.

Laura Hernández, terapeuta familiar, afirma que o divórcio é uma situação difícil para todos os envolvidos, e que existe uma série de mudanças que a criança dificilmente entende. Muitas vezes, por exemplo, a separação faz com que a criança não veja com frequência um dos pais, que tenha de se mudar ou trocar de escola, ou que se sinta isolada de seus pais, os quais lutam com os efeitos próprios da situação. Além das repercussões emocionais do divórcio, algumas crianças têm de enfrentar os problemas econômicos resultantes da condição de viverem com apenas um salário; ou por vezes a mãe tem de voltar a trabalhar depois de ficar em casa na maior parte do tempo. Isso gera confusão e desgosto à criança, exigindo que tenhamos muito respeito e estejamos sempre abertos à expressão de seus sentimentos.

Para Isabel Ortiz, divorciada e mãe de Fabiola, de 14 anos e de Adrián, com 12, o divórcio é a maneira de aceitar que o casal já não consegue mais conviver, e recorreu a essa saída como último recurso, esgotadas todas as vias de comunicação, confiança, segurança e amor.

"Quando o divórcio chega é porque já não existe nada que mantenha o casal unido, e o melhor que pode acontecer em benefício de todos é a separação. Digo isso porque vivi a experiência, e o trauma para os filhos, por mais racional que tentemos nos apresentar perante eles, é inevitável. É um golpe muito duro e é preciso saber como administrá-lo para evitar que se prolongue por muito tempo. Para a criança é muito difícil compreender que quem se separa são os pais, e que eles não estão se separando dela. A superação do efeito, para a criança, dependerá de como se estabelecem as pautas da ruptura, o tratamento posterior que se dá e de como os cônjuges falam, um do outro, diante dos filhos."

> *A história de que se casaram e foram muito felizes não tem muito a ver com a realidade do século XXI.*
>
> Kweller

A filosofia de uma amiga muito querida é a de que, quando não há filhos, você fica com a parceira por amor; mas, quando eles chegam, fica por obrigação. Compartilho sua posição – apesar de todas as críticas que enfrentei por pensar assim –, mas insisto que as crianças não ficam bem. Ficam pior se os pais vivem brigando ou gritando; se for possível não chegar a esses extremos, faça um pacto com seu(ua) parceiro(a) para evitá-lo.

Manuel é um jovem de 19 anos, seus pais divorciaram-se quando ele tinha 5. Sua mãe fez todo o possível para evitar que o filho crescesse sem uma imagem masculina – mesmo sem ser a do pai – e o cercou de tios, o avô etc. Manuel cresceu aparentemente sem problemas emocionais, mas hoje, quase um adulto, reconhece que teve muita coragem para não demonstrar à sua mãe o quanto sofreu para aceitar a ausência de um pai.

Gloria Martínez, psiquiatra especializada em terapia de casais, revela:

> Para qualquer casal com filhos e em vias de separação, o desafio principal é tentar manter a estabilidade da família. Para o filho, é melhor que seus pais estejam separados se isso lhes traz o

bem-estar pessoal. Esse bem-estar exercerá um efeito positivo nos filhos já que, durante muito tempo, eles careceram disso em vista dos conflitos do casal. Se os pais não são felizes, sua insatisfação se traduz na qualidade de vida que os filhos vivenciarão. Ideal, embora isso ocorra muito raramente, é que o relacionamento entre os pais seja de amizade e respeito, porque um ambiente adequado entre eles facilitará o equilíbrio mental da criança. Por isso mesmo, permanecerão em contato para tudo que tenha a ver com o crescimento dos filhos; estarão no mesmo barco para educá-los e ajudá-los a crescer e a se tornarem independentes.

Para Lucía Álvarez, falar com seus filhos sobre o divórcio foi mais difícil:

"Nós dois falamos com as crianças e lhes expusemos a decisão tomada, deixando claro que elas não eram as culpadas. Evidentemente elas pensaram que eram as causadoras, e minha filha menor – de 7 anos – imediatamente prometeu que se comportaria sempre bem. Penso que é preciso deixar bem claro que, apesar da separação, eles sempre continuarão a ser nossos filhos e, portanto, o contato continuará como tem sido até agora, com a única diferença de que um dos pais não vai mais morar na casa."

Os filhos esperam que a família seja seu espaço mais seguro. Ali encontram tudo aquilo que os permita crescer e se desenvolver sadios, física e emocionalmente

Já se escreveu muito sobre o divórcio e as consequências emocionais dos filhos. Todavia, chamou-me a atenção uma pesquisa feita nos Estados Unidos reunindo mais de 100 filhos de pais divorciados, cujos resultados seguem as teorias segundo as quais o melhor, para os filhos, é que os pais se separem se a convivência entre eles já for impossível.

Desde 1971, a psicóloga Judith S. Wallerstein acompanhou de perto dezenas de crianças e adolescentes filhos de pais divorciados. Em seus primeiros estudos, o divórcio aparecia como um açoite emocional na infância, que agravava a crise da adolescência; entretanto, Wallerstein julgava que seus efeitos, embora dolorosos, fossem transitórios. Os divorciados logo encontram um companheiro e os filhos, em virtude do vai-e-vem emocional de seus pais, acabam entendendo que a vida não é fácil. Por outro lado, a mancha social do divórcio desapareceu, já que, com o aumento do número de separações, este deixou de ser registrado como um conflito social.

Judith Wallerstein havia se dado por satisfeita com seu investimento sobre os efeitos do divórcio nos filhos. Porém, com o passar dos anos, muitas dessas crianças e adolescentes, agora adultos entre 25 e 40 anos, pediram-lhe que voltasse a falar do que haviam conversado com ela durante o divórcio dos pais. Contrariamente à sua tese inicial, ela comprovou com assombro que, em vez de desaparecerem em uma vaga memória, as feridas do divórcio continuavam em carne viva, e seus efeitos nocivos haviam recrudescido com o passar do tempo. Judith estava tão longe de suspeitar desse resultado que se viu obrigada a escrever um livro sobre o impacto do divórcio em longo prazo. Em seu novo texto, *El inesperado legado del divorcio* (*O inesperado legado do divórcio*), fala dos mitos sobre os quais se fundamentou a prática do divórcio e que ela mesma aceitou em seu estudo original. Mitos como: "Divorciamos para que nossos filhos não sofressem, porque somos muito infelizes, estamos nos matando e, se continuássemos juntos, acabaríamos os matando também". Ou este outro: "O divórcio é uma crise passageira, que infringe seus efeitos mais danosos no momento da separação e que logo desaparecem". A autora reitera o exacerbado egoísmo de muitos pais de família e juízes que o solapam e que defendem o divórcio por pensarem que os filhos serão mais felizes se seus pais forem mais felizes, e como os pais serão mais felizes divorciados, este favorece os filhos. Wallerstein agora afirma que a criança prefere que seus pais continuem sob o mesmo teto, mesmo que fiquem brigando entre si. A mesma possibilidade da separação enche de confusão e miséria emocional a criança ou o adolescente. A razão é que os filhos não se identificam só com sua mãe e seu pai como indivíduos separados, mas sim com o relacionamento que os pais mantêm entre si como casal.

> *Quando, depois da separação, a criança mora somente com um dos progenitores, pode chegar a se sentir responsável pela sua separação e sente medo e ansiedade pela possibilidade de que o progenitor que está com ela acabe desaparecendo também.*
>
> WALLERSTEIN

Após três décadas de pesquisas, Wallerstein conclui que o divórcio não é um trauma emocional passageiro, mas sim que se converte no fator determinante dos sentimentos, das atitudes e do crescimento da pessoa. Descreve-o em sua nova obra como uma experiência acumulativa, pois seu impacto nocivo aumenta com o tempo e chega ao máximo na idade adulta. Afeta a personalidade, a capacidade de confiar, as expectativas no relacionamento com outras pessoas, a capacidade de se adaptar às mudanças. O amor, a intimidade, a confiança e o compromisso ficam seriamente afetados. Por outro lado, Wallerstein frisa que nunca escutou nenhuma dessas pessoas defender uma filosofia cínica sobre o amor e o matrimônio. Todos desejam uniões firmes e duradouras até a morte; muitos padecem pelo divórcio dos pais como se estivessem eles próprios divorciados e desagregados interiormente. Todos esses anos de estudos empíricos comprovam que a instituição familiar não é um capricho religioso ou pessoal, e sim uma necessidade do ser humano e da sociedade.

Apesar das conclusões dessa autora e do dano emocional que atinge a criança quando os pais se separam, a realidade inegável é que o divórcio existe e, mais ainda, que os números crescem.

Diante da contundência dos fatos, o que devemos colocar é como fazer para que nossos filhos não sejam tão afetados emocionalmente pelo divórcio. Alguns advogados afirmam que uma boa alternativa seria que, quando a criança chegasse à capacidade de decisão – ou seja, a partir dos 11 ou 12 anos –, lhe seja permitido escolher o tempo que passará com cada um de seus progenitores. Dessa maneira, deixará de se sentir como peteca, jogada de um lado para outro, sem sequer ser consultada.

> *No passado, as leis estipulavam o divórcio somente em determinados casos, como infidelidade e maus-tratos físicos, e quando houvesse um acordo. Muitas vezes, essas leis antigas eram vistas como uma carga financeira e emocional para o casal em processo de divórcio, o que conduziu à introdução do divórcio sem culpa, no final da década de 1960 e princípios da de 1970.*
>
> GRUBER

No Canadá, nos Estados Unidos e em alguns países europeus, tem se procurado minimizar o impacto negativo do divórcio para todos os membros da família com a prática da mediação familiar. Vale salientar que essa alternativa começa a se estender, pois não constitui em processo jurídico, mas prepara os cônjuges para evitar os enfrentamentos, uma vez que concebe o casal como um sistema em conflito e não como partes que devem se tratar como inimigas.

De acordo com Bertha Mary Rodríguez Villa, licenciada em Serviço Social, os processos de divórcio vêm sendo abordados quase exclusivamente do ponto de vista legal, sem levar em consideração os efeitos colaterais vividos pelas pessoas envolvidas. Ela explica:

> Não se reconhece a necessidade de fazê-lo, e os advogados raras vezes incluem em sua formação o desenvolvimento de habilidades para enfrentar o acúmulo de sentimentos gerados pelo casal e que, na maioria das vezes, impede sua participação plena na tomada de decisões e na determinação de acordos duradouros que lhes permitam reorganizar satisfatoriamente sua vida e a de sua família.

> Rodríguez declara que a mediação não é uma terapia psicológica para o casal que pretende resolver suas diferenças conjugais. Trata-se de um processo voluntário, prático, flexível, privado e confidencial que ajuda os cônjuges a aceitarem o divórcio emocionalmente e a processar e resolver os sentimentos gerados pelo rompimento, paralelamente à solução dos assuntos práticos da separação.

Os filhos esperam que a família seja seu espaço mais seguro. Ali encontram tudo aquilo que os permita crescer e se desenvolver sadios, física e emocionalmente. Por isso, quando há um divórcio, por mais doloroso que seja para os pais, os filhos não entendem as razões em virtude de sua própria condição de crianças.

Os especialistas em psicologia infantil afirmam que, entre as reações manifestadas pela criança diante do divórcio, são enfatizados os sentimentos de culpa. A maioria das mães divorciadas com quem falei afirma que os filhos, diante da nova situação familiar, pensam que, se tivessem se comportado bem ou tivessem sido mais carinhosos, seus pais não teriam tido tantos problemas. A criança pode atravessar períodos de medo, e esse sentimento pode estar relacionado com a ideia de ser abandonada, dadas as mudanças na situação financeira que segue ao divórcio; com a possibilidade ou a realidade de mudar de casa ou de escola; com o medo de jamais ver o pai, que sai de cena; com a preocupação de como vão conviver com ambos os pais, ou com quem irão morar.

"Quando Juan Luis e eu nos divorciamos, minha filha maior, Elisa, de 11 anos, passou por algumas regressões bastante severas. Sofria de fortes crises de pânico e, inclusive, seu pediatra teve de receitar remédios para que conseguisse dormir tranquila.

Durante todo esse tempo me senti profundamente culpada perante meus filhos, mas também senti que, se eles se dessem conta de meus sentimentos, iriam se sentir mais inseguros", declara Estela Farías.

A mediação familiar é uma alternativa para não negligenciar a atenção para com os filhos e prevenir a desintegração familiar

Os filhos também podem manifestar sentimentos de desgosto para com seus pais por não conseguirem manter a família unida. Ou com eles próprios por terem sido "maus" e causado o divórcio. Também podem sentir que a vida é injusta ou que estão sendo castigados por algo. É possível que o desgosto se volte aos pais, à escola ou se expresse como sentimentos negativos gerais. Talvez se tornem mais agressivos, menos cooperativos ou venham a se isolar ao tentar se ajustar às mudanças.

Filhos com menos de 6 anos não compreendem o significado do divórcio. Não conseguem entender o que normalmente quer dizer que sua mãe e seu pai não voltarão a estar juntos.

"Os sentimentos de tristeza de meu filho foram a parte mais difícil que tive de enfrentar quando me divorciei. Tornou-se particularmente sensível e ausente, e chorava por qualquer coisa. Acho que ainda sente muitas saudades de seu pai embora o visite de 15 em 15 dias durante um fim de semana completo", reconhece Claudia Martínez.

Apesar de tudo, e considerando que eu não era uma menininha de 7 anos, um dos piores momentos da minha vida foi quando meus pais se divorciaram. Tinha 20 anos e para mim foi um golpe terrível. Lembro que adoeci e fiquei vários dias de cama. Havia somatizado aquela dor. Eram sentimentos bem confusos. Por um lado julgava que era suficientemente adulta para enfrentar a situação. Mas, por outro, aquela imagem de meus pais unidos desmoronava, destruindo minha ideia do que era uma família. Hoje, vendo as coisas distantes, posso entender o que significa o divórcio dos pais para uma criança. O mais difícil de compreender era que, segundo meus irmãos e eu, meus pais passavam por uma de suas melhores épocas. Como estávamos alienados da realidade. Meus pais não brigavam, não gritavam nem se insultavam, mas também não conseguiam viver juntos. Creio estar de acordo com alguns autores que afirmam que quando alguém provém de uma família com pais divorciados, defende seu casamento com unhas e dentes. Dentre meus sete irmãos, só a mais velha é divorciada.

Especialistas da Escola Nacional de Serviço Social da UNAM (Universidad Autónoma de México), María de Lourdes Sánchez Islas e Araceli Pedroche Cruz afirmam que:

> Os filhos de pais divorciados enfrentam um grave conflito durante o processo de separação, porque não recebem explicações sobre a situação nem o que ocorrerá no futuro. Consequentemente, sofrem depressão, agem com agressividade e os que estão em idade escolar demonstram baixo rendimento.

As especialistas em divórcio consideram fundamental que as crianças não sejam utilizadas e que seja esclarecido para elas que, embora separados, os pais continuarão por perto para protegê-las e apoiá-las. Os progenitores devem exercitar uma relação cordial e, pelo menos, não discutir diante dos filhos; além disso, é conveniente que cheguem a um acordo quanto aos limites e as normas que serão aplicadas, e como funcionarão as regras, dependendo se vão ficar com o pai ou com a mãe.

O ambiente de insegurança que cerca a criança quando há um divórcio pode ser suavizado mediante uma atitude positiva por parte dos pais. Essa é precisamente a função da mediação familiar. Durante o tempo em que esse processo dura, as crianças ocupam um lugar muito importante, já que as mudanças na família as afetam diretamente e, caso não se fale com elas, não vão entender os conflitos entre seus pais.

Bertha Mary Rodríguez explica que os pais em vias de divórcio podem nutrir muitas dúvidas a respeito do que dizer aos filhos e de como se conduzir diante deles nessa nova situação, mas sua tarefa é prever e entender os sentimentos e necessidades dos filhos durante a separação, bem como ajudá-los a se ajustarem às mudanças. "É importante dosar a informação de acordo com as inquietudes que vão surgindo para que tenham tempo de compreender e de assimilar os progressos", recomenda Rodríguez.

"Houve tanta confusão no momento do meu divórcio que pensar na segurança emocional de meus três filhos foi o que menos pude fazer. Não conseguia pensar com clareza, entristecia, desgostava de mim e me sentia frustrada. Além disso, fiquei sozinha com a responsabilidade econômica", explica Beatriz Gallardo.

Atualmente, o divórcio é aceito socialmente graças a fatores como a perda da influência da religião ou do restante da família, assim como em virtude da agilidade das leis.

ANÔNIMO

Uma das formas para não negligenciar a atenção aos filhos é a mediação familiar.

A organização canadense Family Mediation, em seu guia para consumidores (Bertha Mary Rodríguez e Ma. Teresa Padilla de Trainer, *Mediación en el divorcio: una alternativa para evitar las confrontaciones* [*Mediação no divórcio: uma alternativa para evitar os confrontos*]), recomenda que, para impactar o menos possível os filhos, os pais que atravessam um processo de divórcio devem estar bem atentos às necessidades especiais desse momento.

Convém que ambos escutem com paciência os pequenos. A criança pode necessitar ouvir e se convencer de que não havia nada que pudesse fazer para prevenir a separação, e pode precisar também falar sobre isso algumas vezes. O melhor para os pais é se munirem de paciência.

A criança carece de um tempo especial com cada um de seus pais. Isso não quer dizer que, em decorrência da carga de culpa que trazem consigo, os pais tenham de fazer tudo o que a criança queira. Isso significa que os pais devem observar e ficar alertas às necessidades da criança e dar a ela um espaço próprio. É preciso deixá-la falar, dar-lhe confiança e segurança, manter na medida do possível uma rotina conhecida pelo filho.

Quando o casal discutir, convém que não seja diante da criança. Não há porque permitir que tais cenas de desgosto, mal-estar e violência física ou psicológica a acompanhem. Tampouco se exigirá que ela escolha de que lado está.

> *O procedimento judicial do divórcio distorce a realidade; não só em detrimento de uma solução mais rápida e econômica dos conflitos, mas que deixa de resolver a autêntica raiz do problema, e a comunicação entre as partes permanece nas mãos de profissionais especializados no tema e foge ao controle dos litigantes.*
>
> Singer

É importante permitir que as crianças façam parte do processo familiar da tomada de decisões. Para uma criança pequena isso pode ser algo tão simples quanto decidir o que vão comer no café da manhã e, para um adolescente, algo como participar da procura de casa ou de escola.

A introdução de mudanças na rotina cotidiana deve ser paulatina. Por exemplo, se o pai tiver uma nova companheira, não é ideal que peça à criança para aceitá-la de imediato.

As crianças são leais a ambos os pais, e muitos destes as utilizam para obter informações sobre o ex-cônjuge, o que afeta muito a criança emocionalmente, que se sente comprometida de não falar nada a nenhum dos dois. Por isso, é melhor não usar nossos filhos para obter qualquer tipo de informação. Não os obriguemos de maneira inconsciente a se converterem em nossos aliados.

Bertha Mary Rodríguez ressalta que o divórcio faz parte da vida e o casal deve se reunir para explicá-lo aos filhos. Dessa maneira, a situação pode se converter em uma oportunidade para amadurecer ou uma experiência muito negativa.

> Com a ajuda do mediador familiar, o casal decide quando e como vai se separar, desenvolve os planos de custódia e visitas dos filhos, divide seus bens e dívidas e toma decisões sobre o apoio econômico aos filhos menores e outros assuntos de importância familiar. Essa alternativa conta com mais de 30 anos de sucesso no Canadá e nos Estados Unidos.

Vale a pena assinalar que as condições em que se processa o divórcio de um casal afetam os filhos de maneira diferente. Não é a mesma coisa um divórcio na base de gritos e insultos e outro onde se aceita e se compreende que cada etapa fecha um ciclo.

A licenciada María Rosa Glasserman, especialista em violência familiar, distingue dois tipos de divórcio: um como etapa do ciclo de vida e outro como um processo destrutivo ou difícil.

"Nos chamados divórcios difíceis ou destrutivos, os adultos não protegem seus filhos contra o conflito que está sendo produzido, nem se importam com a desorganização familiar. Há adultos que chegam a recrutar seus próprios filhos para que tomem partido dessa 'disputa'; ou então se desligam de suas responsabilidades, seja na área da educação ou na criação dos filhos. Outros não cumprem com suas tarefas de pais. As lutas e desacordos são permanentes. Sobressai a necessidade de ganhar e denegrir o outro. Há intermediários litigantes. O contexto que cerca a família é o judiciário. Nos divórcios como etapa do ciclo de vida, cuidam-se dos filhos e se dá proteção a eles. Os embates e desacordos só acontecem na primeira fase do divórcio. As perdas produzem dor, mas são aceitas. Os intermediários não são litigantes, e sim amigos ou familiares. Os membros das famílias praticamente não se envolvem e os limites com o mundo exterior são bem claros."

Evidentemente nesta última situação a separação não é tão agressiva para as crianças.

É importante permitir que as crianças façam parte do processo familiar da tomada de decisões

Cada ex-cônjuge deve se manter intensamente envolvido com seus filhos ao mesmo tempo em que encontra intimidade dentro de outros contextos. Deve enfrentar tipos variados de sentimentos, como a raiva, a culpa, o sentimento de perda e o alívio. É preciso conservar ou recuperar a confiança em si próprio para poder encarar as necessidades dos filhos sem a companhia de seu cônjuge.

DÍAZ USANDIVARAS

Do ponto de vista da psicóloga Aurora Jaimes, o divórcio, de acordo com as condições em que se realizar, afeta os filhos, mas pode superar seus conflitos, dependendo das características próprias de sua personalidade e de seu meio. Influem também as seguintes variáveis:

- A idade e o nível de desenvolvimento da criança antes do divórcio.
- A natureza do ambiente e as interferências do desenvolvimento antes do divórcio.
- A capacidade e a habilidade dos pais em manter a criança fora das hostilidades do matrimônio e do divórcio.

- As características de personalidade do pai, com e sem a custódia.
- O apoio de outros membros da família e amigos próximos, nos quais a criança possa confiar e que em certas ocasiões possam apoiar o pai com a custódia.

Mas, seja o divórcio o final de um ciclo de vida ou aquele de uma guerra entre um homem e uma mulher que não conseguem viver juntos, o certo é que é necessário cuidar dos filhos: proteger sua segurança, aceitar sua instabilidade, seu desgosto, sua confusão e, principalmente, fazê-los entender que não estão sós e não são culpados.

Algumas reações apresentadas pelos filhos diante do divórcio:

Dos 2,5 anos aos 5: regressão, transtornos do sono, irritabilidade, angústia da separação, solicitação de contato físico, inibição das brincadeiras, temor de abandono, sentimento de responsabilidade pela separação.

Dos 5 aos 8 anos: tristeza, soluços, sentimentos de rejeição, saudades do pai que se foi, fantasias de retorno do pai ausente. Diminuição do rendimento escolar. Temor de ser expulso.

Dos 9 aos 12 anos: renúncia a falar sobre seus problemas, sentimentos de intensa raiva contra um ou ambos os pais, baixo rendimento escolar, deterioração dos relacionamentos com os colegas. Pode ser facilmente atraído como aliado de um dos pais.

Adolescência: depressão, absenteísmo escolar, atividade sexual, abuso de álcool e drogas. Tentativas de suicídio.

Extraído de www.bbmundo.com

Perguntas

O divórcio é uma das situações mais difíceis enfrentadas pelo casal, mas também pelos filhos que assistem, num piscar de olhos, ao desmoronamento de seu mundo. Analisemos:

1. Se me encontro em um processo de separação ou divórcio, procurei saber se as verdadeiras razões não teriam uma solução?
2. Meu cônjuge e eu estamos conscientes sobre a importância de nossas relações afetivas para a segurança de nossos filhos?
3. Se estou em processo de divórcio, pensei na possibilidade de recorrer a mais alguém para que, mesmo que não solucione nossos problemas, ajude-nos a enfrentá-los da maneira menos violenta possível? Nesse caso, poderíamos pensar em um mediador familiar.
4. Como é minha relação afetiva com meu cônjuge? Somos um casal ou nossa união existe desde que nos tornamos pais?
5. Como era a relação entre meus pais? Reproduzo algumas de suas condutas com meu cônjuge?
6. Que acho do divórcio? Do meu ponto de vista, é a única saída para os conflitos matrimoniais?

4

Falando de dinheiro com os filhos

Falar de dinheiro com as crianças pode ser um tema que aparentemente não tem nada a ver com a segurança física e emocional delas. Entretanto, hoje a questão financeira passou a ser um aspecto problemático para muitas pessoas e, se quisermos que nossos filhos adquiram bons hábitos, uma de nossas responsabilidades como pais é lhes ensinar o valor do dinheiro: como consegui-lo, como economizá-lo e como utilizá-lo. Obviamente, não se trata de deixar em suas mãos as finanças da família, e sim de passar elementos suficientes para que eles, quando maiores, possam enfrentar com conhecimento de causa tudo aquilo que se relacione com a administração de seu patrimônio. Este mundo em que vivem seguramente exigirá que, depois dos 15 anos, possuam um cartão de crédito ou sejam capazes de ir a um banco para realizar certas transações.

A globalização econômica e financeira é uma realidade. Portanto convém prepará-los para entrar nesse novo mundo com informações suficientes sobre o manejo do dinheiro e das finanças.

Por outro lado, todos sabem que as crianças são vítimas permanentes da propaganda. Vamos lhes ensinar a não gastar em coisas que não precisam; a distinguir entre o importante e o desnecessário; a compreender que dinheiro não dá em árvore e que, neste sistema econômico em crise permanente, convém sempre estar um passo adiante e nos tornarmos prevenidos.

> *Se você gasta o dinheiro a torto e a direito, ou trata de poupar até o último centavo, não resta dúvida de que seus filhos acabarão copiando e adquirindo uma ideia errônea sobre o assunto.*
>
> YOUNG

A responsabilidade financeira começa em casa e nós, pais, somos exemplos para os filhos quanto à administração do dinheiro. Algumas vezes, fazemos isso determinando o uso de um orçamento semanal para seus gastos; outras vezes, mediante a prática da poupança, e em outras ocasiões, o fazemos de maneira indireta, conversando sobre o tema na frente deles.

Comecemos pelo princípio

O mais importante é definir quais são nossas prioridades e que mensagens transmitimos às crianças sobre esse tema.

Devemos ajudá-las a entender o valor do dinheiro: é necessário perguntar o que é que mais desejam e em que utilizariam seu dinheiro. Uma vez estabelecidos seus gastos principais, temos como mostrar a importância de zelar pelo dinheiro, de saber como trocá-lo por bens e serviços e o que realmente ele vale.

A responsabilidade financeira começa em casa, e nós, pais, somos exemplos para os filhos quanto à administração do dinheiro. Algumas vezes, fazemos isso determinando o uso de um orçamento semanal para seus gastos; outras vezes, mediante a prática da poupança; e em outras ocasiões, fazemos de maneira indireta, conversando sobre o tema na frente deles

É conveniente conversar com nossos filhos sobre o que se deve fazer para ganhar dinheiro e explicar-lhes que os benefícios é que saldam os gastos da casa, como comida, roupas e outras necessidades. Temos de convidá-los para uma visita ao nosso local de trabalho, para que entendam exatamente o que fazemos e a conexão existente entre trabalho e dinheiro.

Um dos aspectos básicos para que a criança desenvolva boas habilidades em lidar com dinheiro é que compreenda a diferença entre necessidades e desejos. Essa base evita que o pequeno tenha problemas para controlar seus gastos quando for adulto.

Muitas mães recompensam seus filhos com dinheiro cada vez que eles realizam um trabalho doméstico, e, assim, aproveitam para incutir na criança conceitos como trabalho e remuneração. Alguns psicólogos infantis não compartilham muito dessa prática, pois consideram que os afazeres do lar são uma obrigação de cada um e de todos os membros da família e que não há razão em retribuí-los.

Para outros pais de família, o importante é estimular as crianças a economizar: "Eu estimulo meu filho Santiago, de 9 anos, a poupar o dinheiro que recebe para que possa adquirir aquele brinquedo com o qual tanto sonha", conta Rocío Verduzco.

Para outros pais, é importante ensinar aos filhos como aumentar a economia para que mais tarde esta possa se converter em um investimento. Quando lidamos com adolescentes, certamente desejamos que tenham compreensão a respeito do uso responsável de um cartão de crédito e que entendam que não se trata de dinheiro grátis, e que com ele se deve comprar somente aquilo que se possa pagar. O cartão de crédito não deve ser um substituto do dinheiro para adquirir produtos desnecessários ou muito caros.

Enrique Calderón, especialista em finanças familiares, afirma que é melhor considerar que vivemos em uma sociedade de consumo, que convida todo ser humano a gastar. Moramos em um mundo onde o mercado se vale dos meios de comunicação maciça para nos fazer comprar todos os tipos de produtos que supostamente são necessários para sermos felizes ou estarmos na moda. Tornou-se essencial para a economia de mercado o uso dos meios de comunicação para a promoção de seus produtos, mas isso resultou na transformação da sociedade em uma sociedade de consumo.

O principal valor do dinheiro é que vivemos em um mundo que o superestima.

MENCKEN

A população infantil não era objeto de atenção por parte de nenhum anunciante até que os meios de comunicação concentraram sua atenção nesse segmento. As crianças são consumidoras em potencial e podem ser facilmente manipuladas com a ajuda da propaganda, que chegou ao extremo de oferecer-lhes um conjunto de artigos específicos para sua idade: os produtos ao alcance do adulto têm também sua versão para crianças, como sabonetes, xampus, loções etc. Isso sem mencionar o excessivo número de brinquedos da moda que a mesma propaganda lança com cada novo filme ou programa de televisão, explica Calderón.

A formação que recebemos na infância é a base da maneira que levaremos para a vida adulta, o que aprendemos e vivenciamos nessa idade esboça nosso futuro. É preciso aceitar, então, que devemos adquirir bons hábitos financeiros já bem cedo.

As crianças são capazes de entender o conceito do dinheiro desde os 4 anos. Durante essa fase, estabelecem uma relação entre o valor de uma moeda e o que elas, no mundo, podem conseguir com ela. Entretanto, menos de 40% dos pais falam sobre dinheiro com seus filhos.

Laura Bracho, mãe de Fernanda, de 1 ano, e especialista em assuntos financeiros, garante que na maioria das famílias o dinheiro é tratado em segredo. É um tema intocável. Às vezes, é melhor não ficar a par de quanto ganha cada um e se julga que ninguém tem direito de sabê-lo. A forma de distribuir e cobrir os gastos da casa se resolve como num passe de mágica. Considera-se que o mais importante é conservar a harmonia da relação familiar para mantê-la sadia, e que os temas ligados ao dinheiro sempre a prejudicam. Talvez não devesse ser assim. No final, toda a família participa dos gastos feitos no lar; portanto, é primordial que todos se envolvam nos assuntos referentes ao dinheiro.

Inteirar ou não a criança quanto aos assuntos econômicos da família é algo muito controvertido. Mas acho conveniente que todo o grupo participe da aprendizagem da administração do dinheiro. Antes de iniciar a titânica tarefa, lembremo-nos de que, assim como o ensinamento de qualquer coisa, a comunicação, a honestidade e a paciência são os fatores mais importantes quando se trata de transmitir à criança o modo como lidar com dinheiro.

As crianças são capazes de entender o conceito do dinheiro desde os 4 anos

Daniel e Lucía têm o mau hábito de pedir tudo o que veem na frente, mas também já se acostumaram às minhas negativas.

— Mãe, por que você sempre diz que não?

— Daniel — respondo —, por que você tem o hábito de pedir tudo de que não necessita?

Embora não fique muito convencido com minha negativa, pelo menos faço com que pense e logo reconheça que não necessitava do que tinha pedido. Com Lucía as coisas são diferentes: pede pouco, porém não descansa enquanto não comprar e sua insistência pode durar meses. Por exemplo, está há mais de três meses pedindo que lhe compre a última versão do Game Boy Advanced, e sei que vou acabar comprando.

Os pais devem entender suas próprias atitudes e sentimentos acerca de dinheiro e o impacto que essas atitudes têm na forma em que economizam, gastam e administram o aspecto financeiro da família.

Gurney

Meu marido e eu não conseguimos entrar em um acordo sobre se é conveniente ou não falar sobre dinheiro com os filhos. Ambos crescemos em famílias em que as questões econômicas eram resolvidas, como diz Laura Bracho, por magia divina. Claro que sabíamos que nosso pai era o provedor, mas se faltasse dinheiro ou se a família se encontrasse em apuros financeiros, nunca nos inteirávamos disso. Evidentemente, as coisas eram diferentes, não havia tanta propaganda dirigida às crianças e, no meu caso, éramos tantos irmãos que meus pais nem tinham tempo de escutar a infinidade de pedidos de brinquedos ou doces.

Considero inconveniente falar sobre os problemas financeiros da família com filhos menores de 15 anos. Mas me parece uma boa ideia ensiná-los desde pequenos que dinheiro custa trabalho e que o banco não o dá de presente. Lembro de uma passagem com minha filha, que insistia em que, se eu não tinha dinheiro para comprar-lhe o brinquedo que queria, fôssemos para o caixa eletrônico: "Ali te dão dinheiro", disse-me.

As famílias devem determinar a situação particular em que se encontram e quais objetivos pretendem atingir. Assim, terão de se fixar em determinadas metas que serão alcançadas paulatinamente com a participação de todos.

Conseguir incutir em nossos filhos o bom hábito de economizar poderia ser o início para estimular uma cultura de dinheiro dentro da família. Nunca é cedo demais para que a criança comece a aprender sobre a realidade econômica que a cerca, bem como sobre outros temas relacionados ao dinheiro.

Usemos o bom senso

Quantas vezes já escutamos pedidos como este:

"Eu quero esse brinquedo!", grita Valeria no shopping, uma menininha de 3 anos.

"Mas mãe, meus colegas de escola usam tênis Nike. Não estes!", reclama Alexis, de 9 anos.

"Pai, empresta dinheiro para os patins. Pago depois", promete Mariana, de 13 anos.

Sem dúvida alguma, todos nós, pais, já enfrentamos problemas de dinheiro com os filhos, o que pode causar-lhes frustração e gerar penosas situações em público. Entretanto, existem algumas providências específicas que podemos tomar para ajudar as crianças a compreenderem que o dinheiro não é disponível de forma ilimitada, que temos de ganhá-lo com o trabalho e que gastá-lo implica escolher entre diversas alternativas.

> *A criança pode ter tantas ideias erradas sobre a procedência do dinheiro quantas possuem sobre a origem dos bebês.*
>
> ANÔNIMO

Leticia Ávalos, normalista, psicopedagoga e professora do quarto ano, assegura que desde os 3 anos a maioria das crianças consegue identificar certas moedas, compreende que o dinheiro é utilizado para comprar coisas na loja e que deve ser guardado em lugar seguro.

> As crianças começam a ficar prontas para aprender as lições básicas, como economizar, gastar, ganhar e pedir emprestado. À medida que amadurecem, podemos passar-lhes mais informações.

Os psicólogos infantis afirmam que a forma mais fácil de ensinar à criança a respeito do dinheiro é falar sobre o assunto. Ao tomarmos nossas próprias decisões financeiras, devemos tentar, na medida do possível, envolver os filhos. Uma visita ao caixa eletrônico para retirar dinheiro é uma oportunidade para conscientizá-los de que estamos fazendo uso de recursos que mantemos guardados no banco.

Uma visita ao supermercado pode nos ajudar a explicar-lhes que é preciso pagar pelos bens que consumimos e que, além disso, há diferenças no preço de um mesmo produto. Se pagarmos com cartão de crédito, é uma boa ocasião para dizer-lhes que chegará um aviso pelo correio estipulando quanto temos de pagar pelas despesas feitas no cartão.

> *Já sabemos que dinheiro não é o mais importante no lar, mas como ajuda.*
>
> ANÔNIMO

Também podemos aproveitar para ensinar à criança, desde cedo, quanto à importância da poupança: podemos dar de presente um cofrinho ou abrir uma conta bancária, cujos extratos ela receba. Tudo aquilo que a criança é capaz de compreender dependerá de como foi ensinado antes, conforme já mencionamos.

Teresa Castañeda, mãe de Emilio, Montserrat e Alejandro – 12, 9 e 7 anos –, afirma que mais que ensinar seus filhos a economizar – coisa difícil, nos tempos atuais – é melhor ensiná-los a não consumir.

"Eu converso com meus filhos antes de entrar na loja ou no supermercado e estabeleço claramente as regras de comportamento que devem observar no local. Cada vez que me pedem algo, pergunto para que precisam daquilo, e essa estratégia funciona, pois os deixo sem resposta", declara.

Sugestão de especialista

Podemos começar a incentivar a cultura financeira desde a infância pondo em jogo nossa capacidade de narradores de contos infantis que possamos inventar. Além de um sadio exercício para o adulto, as crianças desfrutarão de "contos com moral financeira" que vão construindo e tomando como temas para a narrativa: a necessidade de poupar, a previsão de riscos, a administração do orçamento familiar, entre tantos outros.

Extraído do site www.masefectivo.com

Atualmente, não existe nenhum programa acadêmico que inclua noções de administração do dinheiro ou aspectos para adquirir uma cultura financeira; por isso, o lar é o lugar ideal para ajudar os filhos a se transformarem em bons organizadores das finanças. Além disso, se somos nós, pais, que ficamos a cargo dessa tarefa, vamos lhes ensinar atitudes e valores de acordo com nossos padrões familiares.

Segundo pesquisa sobre conhecimentos financeiros, realizada todos os anos pela empresa norte-americana Jumpstart Coalition, percebeu-se que os adolescentes com quem seus pais haviam falado sobre dinheiro e como administrá-lo sabiam mais a esse respeito que o adolescente médio entrevistado.

Sugestão de especialista

Pegar três ou quatro moedas de 50 centavos ou notas de 1, 2, 5 e 10 reais. Explicar quanto vale cada quantia e logo começar a misturar e fazer diferentes combinações com as elas. Devemos mostrar-lhes como somar os valores e comecemos com as moedas de 50 centavos, depois com as notas de 1 e 2 reais. À medida que forem se revelando mais ágeis em cada nível, lancemos mão das notas de 5 reais e, finalmente, das de 10. Depois que os filhos se "diplomarem", deixemos que utilizem sua destreza no mundo real. Esperemos a oportunidade quando tenhamos bastante tempo e quando não haja ninguém atrás de nós, na fila do caixa da loja ou do supermercado. Deixemos que eles paguem tudo ou apenas seus artigos. Depois façamos com que confiram o troco.

Extraído do site www.practicalmoneyskills.com

Como pais de família, muitas vezes acusamos nossos filhos de pensar que o dinheiro dá em árvore ou, melhor, no caixa eletrônico. Muitas mães entrevistadas concordaram que nunca haviam falado com seus filhos sobre a importância de saber lidar com as finanças. Entretanto, também não esclarecemos que o caixa eletrônico não oferece dinheiro de graça, assim a criança pensa que essa máquina dá dinheiro a toda pessoa que o peça. Por isso, sugere Leticia Ávalos, não devemos esquecer o necessário e importante, que é explicar à criança que só podemos sacar a quantia de um caixa ou de um banco quando o dinheiro tiver sido previamente depositado por nós em um estabelecimento bancário e que ali o guardamos para tê-lo seguro.

> *Como pais, temos a responsabilidade de ensinar nossos filhos a valorizarem devidamente o dinheiro para que mais tarde não se convertam em adultos esbanjadores ou avarentos. Quando a criança aprender a utilizá-lo devidamente e compreender que não é algo misterioso que controla a vida, e sim um recurso que a ajudará a existir, ela terá uma grande vantagem.*
>
> Young

Também podemos iniciar nossos filhos no mundo da cultura financeira, em primeiro lugar, fazendo com que entendam a diferença entre desejo e necessidade, e explicar-lhes que o dinheiro nos permite adquirir as coisas de que necessitamos: um teto, sob o qual vivemos, alimentos, roupas e serviços médicos. O dinheiro também compra muitas coisas que queremos, e não há nada de mau em querer brinquedos ou roupas bonitas; mas estes são apenas desejos, que não surgem como indispensáveis à nossa vida. Entretanto, é preciso deixar bem claro que o dinheiro se ganha trabalhando e que, antes de comprar coisas finas e elegantes das quais não necessitamos, pagamos para satisfazer às necessidades e depois economizamos algo do que sobrar (se é que sobra) para adquirir algum produto que nos agrade.

Incutir em nossos filhos o bom hábito de economizar poderia ser o início para estimular uma cultura de dinheiro dentro da família

Quanto à poupança, convém que a criança saiba que isso é necessário, porque imprevistos sempre acontecem – doença, carro quebrado, problemas na casa etc. Também economizamos para outras coisas que gostaríamos de comprar no futuro, mas para as quais ainda não temos todo o dinheiro necessário, tais como um carro novo ou férias.

Todos, como pais, alguma vez já enfrentamos a escassa tolerância de nossos filhos quando não lhes oferecemos renda ilimitada para suas demandas por algum produto desnecessário. Precisamos dar o exemplo: quando tivermos alguma oportunidade, devemos fazer tudo que for possível para que eles se deem conta de que é preciso dizer "não" a nós mesmos: "Não vou comprar esses cosméticos, porque realmente não são necessários, embora goste muito deles", assim o filho sentirá que não é o único que tem de se frustrar e sim que, como pais, nós também não conseguimos ter tudo que queremos.

Há uns dois meses, assisti a uma conferência sobre a importância da cultura financeira por parte dos filhos, na qual o orador recomendava ensinar-lhes equivalências. Por exemplo, que um produto de lácteos fermentados é mais caro que uma caixa de leite. Uma maçã custa menos que um saco de batatas fritas. Calças custam mais caro que uma lata de sorvete. Também sugeria que pedíssemos aos filhos que elaborassem uma lista de suas necessidades para esclarecerem em que gastarão o dinheiro que ganharem. Entretanto, recomendava fazê-los participar da elaboração do orçamento familiar de um modo adequado para sua idade. Dessa maneira descobririam que serviços, como água, luz e telefone não são gratuitos e devem ser administrados.

> *As crianças que crescem como compradoras serão os grandes consumidores do futuro; é provável que em sua vida como adultos venham a ser pessoas cheias de caprichos, difíceis de agradar; algumas serão compradoras de tudo que for novo no mercado, tomadas por um sentimento de aborrecimento, sem sentido de constância, à medida que nada de novo irá satisfazer seus desejos nem atenderá às suas expectativas.*
>
> Bernal

A criança precisa aprender a lidar com dinheiro, e dessa maneira entenderá sua importância na sociedade de hoje e se acostumará a realizar uma administração racional e responsável dentro das diferentes alternativas possíveis.

Ensinar aos filhos os benefícios da poupança

Um dos grandes problemas econômicos do nosso país é a falta de poupança. A melhor solução para resolver essa problemática no longo prazo é ensinar hábitos financeiros sadios às crianças. Como fazer com que se interessem por economizar, em vez de gastar o dinheiro? A seguir, os especialistas nos oferecem algumas sugestões a crianças de diferentes idades.

Com as crianças menores, temos de comparar a poupança com o hábito de colecionar. Da mesma forma que a criança pequena coleciona figurinhas de futebol, conchinhas ou chaveiros, pode aprender a guardar moedas ou cédulas. Para as crianças em idade pré-escolar que queiram administrar e contar seu próprio dinheiro, vamos dar um cofrinho transparente inquebrável para suas economias. Embora possam não poupar durante períodos prolongados, pouco a pouco o conceito de poupança se estabelecerá. Devemos colar no cofrinho um desenho ou foto do produto que a criança deseja comprar para ajudá-la a imaginar o objetivo da economia. Como recompensa, podemos prometer uma visita ao seu playground preferido, ao supermercado ou à loja.

Quanto às crianças do primário, façamos uma relação entre os benefícios da poupança com o tempo que passam aperfeiçoando alguma habilidade. Devemos perguntar:

— O que você deve fazer para poder jogar a partida de futebol no sábado?

Treinar durante toda a semana, seria a resposta. A economia, assim como o treinamento ou a prática, é o simples ato de se preparar para uma necessidade ou oportunidade futura. Nessa idade, nós, pais, podemos atuar como o banco da criança e pagar juros de acordo com o valor poupado.

Aproximadamente aos 9 anos, é possível que a criança esteja pronta para um objetivo de maior prazo e possa administrar uma conta-corrente no banco, preencher o formulário de depósito, entregar o dinheiro ao caixa e anotar a quantia depositada.

Os filhos com mais idade ficarão entusiasmados ao perceberem seu dinheiro aumentar graças aos juros proporcionados pelo banco. Devemos fazer um acompanhamento junto com nossos filhos sobre o que ganham mês a mês.

Podemos incentivar os adolescentes por meio da oferta de uma recompensa se atingirem determinado nível de economia durante tal período de tempo. Podemos desafiá-los a economizar 200 a 500 reais em seis meses, dizendo-lhes que contribuiremos com o mesmo valor se atingirem a meta. Pode-se aprender a economizar em qualquer idade.

Se nossos filhos perceberem que economizamos, sem dúvida aprenderão o valor da poupança

Vamos ensinar nossos filhos a economizar desde pequenos. É um hábito que possivelmente continuarão mais adiante se dermos o impulso inicial de que precisam para conseguir sua própria segurança financeira. Como em qualquer outra área de seu desenvolvimento, o mais importante é o exemplo. Se eles perceberem que economizamos, sem dúvida aprenderão o valor da poupança.

Como pais de família, contamos com várias habilidades para que a criança aprenda coisas tão importantes como a poupança, os investimentos, o fruto do trabalho, o valor do dinheiro ou o que significa um orçamento. Ou seja, o valor de administrar seus próprios bens.

Administrar adequadamente o dinheiro implica poder desempenhar funções básicas de forma independente e autônoma.

ANÔNIMO

Uma maneira tradicional de fazê-lo é com a mesada. Com isso, as crianças poderão saber como administrar seus próprios recursos e satisfazer suas necessidades pessoais. Os psicólogos infantis dizem que a melhor idade para administrar esse dinheiro é depois dos 4 anos. A partir de então, os filhos compreendem, embora muito vagamente, que o dinheiro é uma forma de intercâmbio e que, por meio dele, podemos receber coisas. Desde o momento em que a criança nos pede que compremos algo, podemos começar a dar-lhe a mesada, embora com prudência sobre o quanto e para quê.

Muitos de nós nos perguntamos se é conveniente ensinar os filhos a ganharem dinheiro. Para essa pergunta há diferentes respostas.

Paulina Alvarado – mãe de Rodrigo, de 13 anos, e de Andrés, de 11 – acha que sim, já que as crianças começam a conhecer o significado do trabalho e da remuneração que vem com ele.

"Creio que isso faz com que se sintam muito satisfeitos", declara.

Por sua parte, Mónica Meseguer afirma que o dinheiro que dá aos filhos não deve estar sujeito a nenhuma troca, ou seja, "devemos entregá-lo periodicamente sem que a criança tenha que trabalhar para ganhá-lo. Além disso, as crianças têm algumas obrigações domésticas a fazer sem nenhuma retribuição", observa.

Concordo com esta última posição. Os trabalhos que a criança deve realizar em casa como parte de sua rotina não devem representar compensação econômica, mas sim uma obrigação.

Sugestão de especialista

Uma forma de evitar o consumismo desnecessário de nossos filhos é os pais oferecerem juros como incentivo sobre o valor de sua poupança.

Mas também é importante que os pais cobrem juros sobre qualquer quantia adicional de dinheiro àquela estabelecida semanal ou mensalmente.

Essa tática servirá para eles "abrirem os olhos" de como custa caro pedir emprestado. Aprender a gastar com prudência e investir corretamente são lições que resultam em lucros futuros.

Fonte: Centro Nacional de Educação Financeira dos Estados Unidos

Falar com as crianças sobre aspectos financeiros da vida prática é importante para seu futuro. Vamos fomentar neles a ideia de que o valor do dinheiro não consiste em quanto se tem, e sim de que forma o administramos.

Perguntas

Pensar em falar de dinheiro e finanças com nossos filhos pode parecer uma questão absurda, porque achamos que a criança não vai entender e que nem tem como fazê-lo sobre esses assuntos. Entretanto, a organização do nosso orçamento familiar e nossa relação com o dinheiro é algo que lhes transmitimos de modo implícito. Analisemos:

1. Já tentei pensar sobre o meu dinheiro?
2. Mantenho um orçamento organizado dos gastos da casa?
3. Compro para meus filhos tudo que eles pedem? Se minha resposta for afirmativa, por quê? E se for negativa, explico-lhes as razões ou simplesmente digo que não?
4. Dou aos meus filhos uma quantia de dinheiro por mês ou por semana? Não seria conveniente fazê-lo para introduzi-los no mundo da poupança?
5. Tenho alguma poupança?
6. Meus filhos sabem da relação existente entre trabalho e dinheiro?

5

Manter os filhos seguros em casa

Nenhum pai de família sequer suspeitaria de todos os perigos que cercam seu lar. Esse local onde todos nós nos sentimos protegidos.

Entretanto, a realidade é bem diversa e os acidentes ocorridos em casa, e que poderiam ser evitados, são uma recorrente causa de mortes. Entre eles estão os afogamentos, queimaduras, quedas, envenenamento e lesões intencionais.

Segundo pesquisa realizada pela Unicef, em todas as nações do mundo industrial a maior causa de morte são os acidentes de trânsito, representando 41% de todos os óbitos infantis causados por lesões.

A Unicef realizou esse estudo com a finalidade de corroborar com o compromisso dos países ricos ao promulgar leis que fomentem medidas de segurança infantil, como a obrigação de as crianças utilizarem capacete para andar de bicicleta; a imposição de limites de velocidade em zonas residenciais; a instalação de assentos de segurança para as crianças, nos carros, e a oportuna verificação de seu uso; a urgência para que os laboratórios farmacêuticos distribuam seus produtos em embalagens com dispositivo de segurança, evitando que a criança os abra; a instalação de alarmes de incêndio no lar e a promulgação de normas de segurança para locais de jogos. O estudo revelou que em nenhum dos países havia leis que se referissem a esses pontos todos, e que alguns países só haviam baixado legislação sobre três dos tópicos. Entretanto, a pesquisa da Unicef assinala que, nos países em desenvolvimento, cerca de um milhão de crianças menores de 15 anos morrem todos os anos em decorrência das lesões sofridas.

A gravidade dessa situação nos obriga, como pais e como sociedade, em geral, a promover uma cultura de proteção e zelo pela vida de adultos e crianças.

Fonte: Fundo das Nações Unidas para a Infância (Unicef).

A segurança infantil no lar

"Minha casa é o lugar onde me sinto melhor, porque lá estão meus pais que cuidam de mim", garante María José Sandoval, de 9 anos.

Para José Marcos Bustillos, sua casa é o lugar mais seguro porque sabe que ali nada vai lhe acontecer: "Lá ninguém vai encostar em mim, nem me machucar, nem me roubar", afirma.

Ante a pergunta "Em que lugar você se sente mais seguro?", junto à pequena amostra de aproximadamente 100 crianças com idade entre 8 e 10 anos, todos responderam que era na sua casa.

Todos nós, pais de família, sabemos que a segurança física de nossos filhos é coisa séria. Mesmo assim, é comum que em todas as partes do planeta haja dezenas de crianças acidentadas em decorrência de causas que, sem sombra de dúvida, poderiam ter sido evitadas.

Somente nos Estados Unidos, dados da Campanha Nacional para a Segurança da Criança registram quase diariamente uma média de 35 mil crianças seriamente lesionadas que exigem tratamento médico e cujos ferimentos poderiam ter sido evitados.

No México, médicos do Instituto Nacional da Saúde Pública (INSP) realizaram uma pesquisa a respeito de acidentes domésticos. Os resultados demonstram que as crianças do sexo masculino (62%) e o grupo entre 1 e 2 anos (37%) são os mais afetados (Martha Hijar, Rafael Lozano et. al, *Accidentes em el hogar em niños menores de 10 años, Causas y consecuencias* [*Acidentes no lar com crianças menores de 10 anos. Causas e consequências*]). Dentro desse tipo de lesão acidental e suas causas, destacam-se nos três primeiros lugares: contusões, lesões na cabeça e fraturas produzidas por quedas (de um nível a outro, principalmente de escadas e da cama, bem como quedas no mesmo nível por escorregões ou tropeções).

As queimaduras por líquidos ferventes (dentre as mais frequentes está a água para preparar o banho) são outro gravíssimo acidente comum no lar.

Segundo a pesquisa mencionada, dos casos registrados, 15% das crianças contavam com antecedentes de acidentes, e 39% apresentaram-se para receber cuidados médicos uma hora após o acidente; dessa porcentagem, 51% exigiram hospitalização.

> *Todo lar deve contar com um kit de primeiros socorros que inclua os medicamentos e acessórios básicos para casos de emergência.*
>
> Zurbía

Os fatores de risco apresentados com mais frequência foram: falta de proteção em tomadas (40%); produtos tóxicos ao alcance das crianças: de limpeza (38%), cosméticos (34%), sacolas de plástico (30%) e ferramentas (30%); ausência de grades de proteção em berços (30%); em escadas (48%) e por acesso livre ao terraço (44%). Em 62% dos casos, foi oferecido algum tipo de auxílio à criança em seu lar; 26% contavam com rede de apoio para seu cuidado e 3% encontravam-se sem supervisão de adulto.

As estatísticas médicas estimam que para cada acidente mortal junto à população infantil devem ser produzidos entre 100 e 800 acidentes não mortais. Os que ocorrem no lar provocam

40 vezes mais tratamentos que os de trânsito e seu número é 20 vezes maior que os acidentes de trabalho. Afetam mulheres, crianças e idosos, ocasionando deficiências, elevados custos e dificuldades em seu controle.

A partir dos 9 anos, os acidentes infantis são causadores da morte, e a maioria ocorre em casa. Esse segmento da população é suscetível a acidentes devido principalmente a quedas, queimaduras, intoxicação, envenenamento, asfixia e armas de fogo.

O conteúdo de um bom *kit* de primeiros-socorros

Curativos, algodão, aspersório, esparadrapo de 2 cm de largura, bandagens, vendas e gaze esterilizada de diversos tamanhos, torniquetes (um palito pequeno e um pano limpo de 4 cm de largura por 40 cm de comprimento), analgésicos – que contenham paracetamol ou acetaminofeno – água oxigenada, mertiolato, álcool, solução de iodo, copo plástico, agulhas, tesoura, termômetro e lista de telefones de emergência: ambulâncias, terapia intensiva móvel, hospitais, bombeiros, centro de intoxicações ou envenenamento, pediatra e farmácia 24 horas.

Na fase pré-escolar – que abrange dos 2 aos 6 anos –, de um total de 6.933 mortes registradas foram detectados 1.119 falecimentos em decorrência das seguintes causas:

Acidentes de trânsito	444
Afogamentos e submersão	363
Agressões	108
Quedas acidentais	81
Exposição acidental a fogo, fumaça e chamas	70
Envenenamento acidental	53

Na fase escolar – que vai dos 6 aos 12 anos –, de um total de 7.118 mortes registradas, destacam-se 1.974 falecimentos em decorrência das seguintes causas:

Acidentes de trânsito	982
Afogamentos	375
Agressões físicas	290
Suicídios	117
Quedas acidentais	95
Exposição acidental a fogo, fumaça e chamas	66
Envenenamento acidental	49

Como referência comparativa, e para entender a complexidade dos acidentes possíveis de evitar, vale mencionar que dessas 7.118 mortes de crianças em idade escolar, 2.063 devem-se a doenças perfeitamente detectadas. Se compararmos ambas as cifras, perceberemos que morre quase o mesmo número de crianças por acidentes que por enfermidades. A diferença é mínima, mas o dado é muito revelador.

Os pesquisadores, no estudo em questão, registraram quais os fatores individuais que mais influem nos acidentes do lar: a idade ou a fase de desenvolvimento e o gênero das crianças – meninos são mais propensos – que os fazem mais ou menos curiosos.

Entre os fatores ambientais destacam-se a família (sua estrutura, menor participação dos pais nas brincadeiras das crianças, perturbação familiar, tipo de trabalho dos pais, problemas no casamento, fatores maternais como idade, educação, saúde física e mental); as pessoas encarregadas de cuidar dos pequenos, o nível socioeconômico (baixo), fatores estruturais e produtos de consumo (construção da casa, ferramentas, móveis, equipamentos de brinquedos e esportes, veículos de transporte para bebês e crianças); intoxicações, envenenamentos e presença de armas de fogo no lar.

Por sua parte, o doutor em pediatria Pedro Barreto declara que:

> Em boa parte a culpa pelos acidentes infantis é dos adultos. É muito difícil admitir, mas é verdade. As quedas do berço, dos braços dos pais, da cama, do trocador; as queimaduras com líquidos quentes quando os alimentos são preparados; a intoxicação por erro na administração do remédio; a asfixia pela aspiração de pequenos objetos, o enforcamento pela fita da chupeta e outros acidentes não teriam razão de ocorrer se não fossem o descuido ou o abandono por parte do adulto. A criança é habitualmente um ser dependente dos maiores. Por isso, a grande percentagem de acidentes acontece no próprio lar.

Durante a infância e a adolescência, os acidentes são a causa mais frequente das consultas aos serviços de urgência, por isso desde a chegada de nossos filhos ao mundo, devemos modificar nosso lar para torná-lo um lugar seguro. Quando a criança crescer, os acidentes serão mais frequentes fora de casa: na rua, no colégio ou no local onde os filhos praticam algum esporte.

Prevenção de acidentes em casa
Algumas sugestões práticas

O material apresentado nesta seção foi elaborado com o apoio de várias mães de família e alguns pediatras. Todas nós concordamos que as brincadeiras nas camas e de uma poltrona a outra devem ser terminantemente proibidas. Dentre as mães entrevistadas, pelo menos sete de seus filhos haviam engessado o braço e a perna por brincarem sem saber cair adequadamente.

É importante contar com protetores nas quinas das mesas, nas janelas e nas torneiras da banheira. Nas portas devem ser instalados certos tipos de amortecedores de golpes, evitando que a criança se machuque. Nas escadas, bem como no berço, convém colocar grades. As grades devem estar bem fixas e as barras bem próximas umas das outras para evitar que a criança enfie a cabeça entre elas.

Os remédios devem ser guardados sempre à chave, bem como os objetos pontiagudos, pequenas joias ou bijuterias e objetos minúsculos. De preferência, conservemos as gavetas fechadas com chave e fora do alcance das curiosas mãos da criança.

A porta de entrada da casa deve permanecer fechada com chave. As crianças crescem muito depressa e a qualquer momento poderão abri-la.

As tomadas devem ser cobertas e os fios de eletricidade devem ficar fora do alcance do pequeno. Vamos evitar suas tentações.

Temos de colocar no boxe ou na banheira um tapete antideslizante para evitar quedas. Também deve haver um tapete firme do lado de fora para evitar que a criança escorregue. Cuidado com os vidros. De preferência, utilize os de segurança. Se não for possível, ponha algo no vidro para alertar a criança. Há casos em que a criança corre desde o jardim e não percebe que o vidro está ali e bate nele, o vidro se quebra e isso provoca sequelas físicas importantes.

Nunca se deve deixar bebidas alcoólicas ao alcance das crianças.

No jardim ou quintal também é preciso ficar bem atentos. Não devemos deixar os objetos utilizados na jardinagem perto das mãos da criança. E também temos de eliminar as plantas tóxicas e, se tivermos animais de estimação, devemos limpar imediatamente suas fezes e sua urina, pois a criança costuma levar tudo à boca.

É bom que nos tornemos inspetores que andam por toda a casa em busca de perigos e revistemos canto por canto. Temos de lembrar que, para os pequenos, tudo constitui material de observação ou comestível.

Queimaduras

Na hora do banho é preciso checar se a temperatura da água está adequada; para isso, basta mergulhar as costas da mão na água para comprovar que está morna. Devemos encher a banheira misturando a água quente com a fria até conseguir uma temperatura morna, visto que, do contrário, a criança poderá colocar a mão e se queimar.

Nunca se deve deixar a criança sozinha na banheira. Embora pareça incrível, elas podem se afogar com muita facilidade e rapidez.

Se a criança estiver grande a ponto de tomar banho sozinha, é preciso ensiná-la como regular a temperatura da água, avisando que ela deve abrir primeiro a torneira da água fria. Não podemos nos afastar do banheiro, pois um acidente pode ocorrer num piscar de olhos.

As estufas e os aquecedores devem estar protegidos, de modo que nossos filhos não consigam tocá-los. Nunca devemos permitir que a criança se aproxime de uma lareira acesa.

Não há nada que uma criança tenha que fazer na cozinha, pois é um lugar muito perigoso. Não obstante, uma boa ideia é utilizar sempre as bocas do fogão mais próximas à parede, e não deixar que os cabos das frigideiras e demais utensílios de cozinha sobressaiam da boca do fogo, porque em um descuido a criança pode pegá-los por curiosidade e se queimar com óleo fervendo ou outro produto quente.

Não devemos circular pela casa com líquidos ferventes (café, chá, leite), porque o pequeno pode nos empurrar, sem querer, e se queimar caso o líquido que carregamos caia nele. Se estivermos tomando sopa ou algo quente, evitemos carregar a criança no colo, pois ela pode derrubar o prato ou pôr a mão dentro dele.

Temos de ter muita precaução com o ferro elétrico; ao passar roupa, devemos fazê-lo longe das crianças; as queimaduras causadas por este eletrodoméstico são bem frequentes.

> *Um adulto organiza seu lar segundo padrões de ordem, limpeza e normas estéticas, mas, para uma criança, não há ordem respeitável, já que todos os cômodos são potencialmente espaços propícios para brincar, transformar ou sujar.*
>
> BARREDA

Se deixarmos o carro sob o sol, é bom cobrir a cadeirinha do bebê com um pano para que, quando colocarmos a criança nela, ela não se queime; devemos ter um cuidado especial com as partes metálicas. Se andarmos sob sol intenso, devemos cobrir a cabeça da criança – de qualquer idade – com um gorro ou chapéu, para evitar insolações, e não nos esqueçamos de aplicar-lhe um bom protetor solar nas áreas descobertas de sua pele. Sugere-se também lhe dar de beber constantemente. Durante as férias, se a criança estiver na piscina, não vamos nos esquecer de passar-lhe com frequência o protetor solar à prova d'água. Se não contar com um, devemos repetir o processo com o que tivermos, tantas vezes quanto necessário. Em matéria de incêndios, as estatísticas mundiais revelam que todos os anos as crianças causam por volta de 100 mil incêndios e, lamentavelmente, muitas delas ficam fisicamente incapacitadas ou vêm a apresentar sequelas psicológicas (se não forem tratadas devidamente e em tempo hábil) ou em outros casos morrem (www.weather.com/espanol – site em espanhol).

Devemos ensinar e educar a criança para que compreenda o perigo do fogo, que não deve gerá-lo e que saiba se comportar diante de um incêndio. Vale lembrar que as crianças com menos de 5 anos são curiosas em relação ao fogo, e, frequentemente, esse interesse começa com uma exploração natural do desconhecido, que pode acabar em tragédia.

O que é o fogo?
É uma reação química produzida pela presença de quatro elementos: calor, combustível, oxigênio e reação em cadeia. Origina-se quando um material se une ao oxigênio tão rapidamente que produz chamas. Se eliminarmos qualquer um dos elementos antes citados, o fogo se apaga.
O que é um incêndio? É o fogo fora de controle.

Extraído de www.usfa.fema.gov • United States Fire Administration

É preciso ensinar aos nossos filhos que não se deve brincar com fósforos e isqueiros que eles possam encontrar. Nesse caso, eles devem avisar imediatamente um adulto.

Importante: cigarros e fósforos continuam em primeiro lugar como causadores de incêndios.

Para lembrar e compartilhar com os filhos:

Na escuridão não se enxerga nada e as chamas cobrem a luz.

O cheiro da fumaça não desperta. Ao contrário, adormece e mata.

O alarme contra incêndio se ativa quando a fumaça chegar até ele.

O calor mata em segundos: aos 65 graus os pulmões se queimam e se destroem.

Só se dispõe de um ou dois minutos para escapar de um incêndio.

Em apenas 30 segundos o fogo fica fora de controle.

Quando o incêndio começar, devemos acordar todos que se encontrarem na casa, fazendo com que saiam dela de forma individual e se reúnam em um ponto de encontro previamente estabelecido.

Extraído de www.weather.com/espanol

Lesões produzidas por objetos cortantes

Barbeadores e navalhas devem ser guardados em lugares altos e com fechadura de segurança, assim como as tesouras, agulhas, alfinetes e outros objetos de costura.

Na cozinha e na copa, todas as facas, garfos e tesouras devem estar em gavetas fechadas. O móvel no qual se encontrar o lixo e todos os armários com vasilhames ou objetos de vidro deve ter fecho de segurança.

Todas as ferramentas (pregos, martelos, pinças, serras etc.) devem ser mantidas guardadas a chave.

Descargas elétricas

O computador, a televisão, os equipamentos de música e demais eletrodomésticos devem estar junto à parede, de maneira que nossos filhos, em posição de bruços, não consigam tocar na parte de trás deles, de onde saem as conexões. É preciso desligar e tirar da tomada todos os aparelhos que não estejam em uso. Devemos colocar protetores de tomadas e não deixar fios ao alcance da criança.

DICA: Os plugues não devem ser desconectados puxando-os pelo fio, mas pelo próprio plugue. Um ferro elétrico nunca deve permanecer ligado, nem por um instante, sem ser devidamente observado.

Deve ser dada atenção especial às árvores de Natal; a instalação deve ser perfeita e os cabos têm de estar isolados. Os especialistas concordam que todo lar deve manter um sistema elétrico de segurança que desligue a instalação em caso de descarga elétrica ou curto-circuito.

Se nos ausentarmos de casa todos os dias, ou se sairmos para viajar, devemos desligar, preferencialmente, todos os aparelhos elétricos. Os curtos-circuitos mais frequentes acabam em incêndio, quando não tem alguém em casa.

Informação útil

Os incêndios em instalações elétricas podem resultar de uma descarga elétrica nos circuitos, fios defeituosos, material mal isolado, interruptores estragados e mau emprego de aparelhos elétricos. Além de causar queimaduras e provocar incêndios, a eletricidade mal administrada pode causar comoções e inclusive a morte como consequência de descargas da instalação elétrica. Nas casas antigas a instalação deve ser revisada, uma vez que os aparelhos modernos exigem carga mais intensa de corrente. Sobrecarregar um circuito e, consequentemente, fazer com que se sobreaqueça pode ser o resultado do uso demasiado de lâmpadas, motores e outros dispositivos. O aquecimento produzido por essa sobrecarga pode provocar um incêndio. Mesmo quando a corrente não for excessiva, pode haver um aquecimento perigoso ou saltarem faíscas devido a conexões soltas ou malfeitas na instalação elétrica. O fusível considerado mais seguro é o disjuntor automático. Utilizar uma moeda em vez de fusível, ou fusíveis, é um hábito comum e muito perigoso.

Tudo na boca

Não devemos deixar ao alcance da criança objetos pequenos que ela possa levar à boca e se sufocar.

Compre brinquedos grandes e adequados à sua idade. É bom pedir apoio ao irmão mais velho, se possível, e que mantenha longe de seu irmãozinho todos os brinquedos pequenos que ele possa levar à boca.

Vamos cuidar do que nossos filhos comem, principalmente produtos difíceis de mastigar, como amendoim japonês e balas maciças, entre outros. Também é importante vigiar como comem: devemos evitar que brinquem enquanto o fazem, e tampouco devem comer deitados, para não se sufocarem.

Asfixia e engasgamento

Nunca se deve deixar o bebê deitado em uma superfície macia, tipo almofada, pois ele pode se asfixiar; tampouco em cima de uma superfície envolta em plástico, já que, se a criança apoiar sua boca nele, poderá se sufocar.

Não devemos deixar nenhuma sacola de plástico ao alcance da criança, visto que, se a introduzirem na boca ou se a colocarem na cabeça, poderão se asfixiar. Pelo mesmo motivo não se deve brincar com bexigas. É um bom hábito dar vários nós nas sacolas de plástico antes de jogá-las fora, pois assim a criança não poderá enfiar a cabeça nelas.

Os pais de família devem insistir, todos os dias, quanto às medidas de prevenção de acidentes: como caminhar nas ruas, como atravessá-las, o que fazer quando um ônibus estiver parado. De acordo com o local da escola, assim devem ser nossas observações, devemos escolher algumas delas, classificá-las dentro de uma escala de risco e repeti-las todos os dias. Os professores têm a obrigação de fazer o mesmo. Todos os dias, ao iniciar ou terminar as aulas, devem se referir a esse problema, selecionando também as ações prioritárias e ir supervisionando seu cumprimento por parte das crianças.

JIMÉNEZ

De acordo com o Dr. Fernando Paredes, deve ser absolutamente proibido dar frutas secas a crianças com menos de 5 ou 6 anos, pois se engasgam e podem se sufocar ou desenvolver lesão pulmonar devido ao óleo que esses produtos destilam. Também são perigosos os alimentos como chiclete ou balas que tenham o formato e o tamanho da via aérea da criança e possam produzir asfixia em caso de engasgamento.

É preciso ter muito cuidado com as pilhas em forma de pastilha – utilizadas em relógios e na maioria dos brinquedos eletrônicos – porque a criança pode se asfixiar com elas ou engoli-las e, nesse caso, o material pode produzir queimaduras ou intoxicações muito graves.

Não vamos deixar fios, cordas ou fitas ao alcance da criança pequena, pois ela pode se enforcar; pelo mesmo motivo, nunca devemos colocar cordões nem fitas em seu pescoço.

Afogamento

Sob nenhum pretexto devemos deixar a criança sozinha na banheira porque ela pode facilmente se afogar, bastando que perca o equilíbrio e afunde sua cabeça na água. Se tivermos que sair do banheiro para fazer alguma outra coisa, não devemos deixar o bebê aos cuidados de outra criança, porque é perigoso; é preferível tirá-lo da banheira, enrolá-lo em uma toalha e fazer o que necessitamos. Não devemos negligenciar a atenção enquanto a banheira ou outro recipiente, como uma pia, estiverem enchendo de água.

Os banheiros devem ser conservados fechados. O vaso sanitário é sempre uma tentação para a criança pequena, que pode cair de cabeça dentro dele.

Nunca devemos deixar crianças pequenas a sós em piscinas, mesmo com salva-vidas ou boias. Estas podem se desinflar, rasgar ou desprender da criança. A segurança máxima será mantida pela vigilância do adulto.

Envenenamentos

É preciso manter trancados ou fora do alcance da criança pequena todos os produtos tóxicos da casa, bem como de higiene, de beleza e os remédios. Nunca diga à criança que determinado medicamento é um doce, pois isso poderá sugerir que ela o tome por conta própria. Nunca se deve dar remédios no escuro para a criança, pois você pode confundir o remédio ou errar na dose.

Tenho que reconhecer, aconteceu-me pessoalmente com Lucía: ela tinha 6 anos e estava com um problema no ouvido; por causa de meu sono e preguiça para fazer as coisas cuidadosamente, dei-lhe um medicamento para o ouvido no lugar daquele que era para desinflamar as amídalas. Por motivos óbvios, tive que fazê-la vomitar.

Depois de ministrar algum medicamento, temos de nos assegurar de tê-lo mantido bem guardado em seu lugar.

Quando houver plantas decorativas na casa, vamos checar se elas contêm partes venenosas e, se for o caso, temos de nos livrar delas, pois nossos filhos, em um descuido de nossa parte, podem chupar ou morder alguma.

DICA: remédios e outros artigos potencialmente perigosos devem ser guardados fora do alcance da criança pequena, preferencialmente em armários de medicamentos fechados com chave, uma vez que a criança pode se envenenar com uma dose de veneno menor que a de um adulto.

Se tivermos convidados e estivermos tomando bebidas alcoólicas, devemos retirar os copos, sem perda de tempo, evitando que a criança beba os restos. Temos de guardar as bebidas alcoólicas em armários com chave, em lugares inacessíveis para a criança pequena.

Os produtos de limpeza são muito perigosos e tentadores para os pequeninos; por isso, devemos ter muito cuidado com eles. De preferência mantendo-os em sua embalagem original e, se possível, fechados com tampa de segurança; nunca os coloquemos em garrafas de água ou de outras bebidas, pois a criança ou nós mesmos poderemos nos confundir e nos envenenar.

Devemos lembrar de nunca deixar inseticidas ou raticidas ao alcance das crianças pequenas.

Quedas e golpes

As crianças começam a dar suas voltinhas desde muito cedo, umas antes que outras; por isso, desde o primeiro mês de vida, devemos estar alertas quando as deixarmos a sós na cama ou sobre uma superfície da qual possam rolar e cair.

Devemos colocar grades no berço e nos certificar de que a cabeça da criança em nenhum momento vá ficar entre as barras. Procure não cobri-la muito durante a noite e use roupa de cama com pouco peso, permitindo ao bebê mover-se livremente em seu berço. Não devemos deitá-lo conosco, já que, durante a noite, sem percebermos, podemos apertá-lo e o asfixiar.

Se a casa tem escadas, quando a criança já estiver engatinhando, devemos colocar portinhola de segurança (existem até desmontáveis) para impedir que o bebê tenha acesso a elas.

Também devemos instalar grades nas janelas, que possam ser abertas por um adulto em caso de incêndio, e aumentar a altura dos balaustres de sacadas e terraços. Isso porque infelizmente a criança pequena não tem nenhuma noção do perigo e pode cair de lá. Nunca devemos deixar vasos nem móveis junto à sacada ou janelas, pois a criança pode subir neles e cair. Nunca devemos deixar a criança pequena em um cômodo com janela aberta, caso não tenha grades. A criança é muito curiosa e isso é muito perigoso, mesmo que nossos filhos não sejam muito travessos.

Se houver algum animal de estimação na casa, nunca devemos deixá-lo a sós com crianças pequenas; por mais domesticado que ele seja, poderá causar-lhes danos.

Ler essa lista de recomendações práticas para a segurança de nossos filhos pode ser chato, mas crianças são seres altamente perigosos. Como pais de família, confiamos demais em nosso sexto sentido a ponto de nos esquecermos do nosso bom senso. Temos de tê-lo para garantirmos a segurança da criança. É claro que não se trata de cercear a liberdade de nossos pequenos exploradores, mas simplesmente evitar uma tragédia.

Prosseguindo, reproduzo casos de alguns sustos que diversas mães de filhos, nem tão pequenos, já levaram. Suas idades variam de 6 a 11 anos. Lamentavelmente, três crianças pequenas faleceram.

"Um dia cheguei em casa de volta do trabalho e encontrei meu filho Daniel, de 9 anos, trepado em um móvel da cozinha próximo a uma janela, erguido e tentando pegar uma bola. Quase sofri um infarto decorrente do susto. Desde então todas as janelas da minha casa possuem trava de segurança."

"Minha filha de 5 anos ficou só uns minutos sozinha à mesa da sala de jantar e introduziu um garfo na torradeira (coisa que nós fazíamos frequentemente) para dali retirar uma rabanada. A seguir, colocou a outra mão, que estava úmida, na parte externa da torradeira (de metal, portanto excelente condutor de eletricidade); pouco depois a encontrei totalmente inconsciente por causa das queimaduras causadas pelo choque elétrico. Apesar de ter sido atendida de imediato, não puderam salvar sua vida."

"Minha filha Cecilia, de 9 anos, estava doente, vítima de uma infecção nos ouvidos, e a pediatra lhe receitou umas gotas.

Eu estava com tanto sono que em vez de colocá-las nos ouvidos pinguei as gotas na língua, pensando que era um remédio para ser tomado. A menina começou a gritar – depois da sexta gota: 'Mãe! Essas são as minhas gotas para o ouvido!' Comecei a chorar por causa do meu descuido. Liguei imediatamente para a médica, que, depois de me chamar a atenção, disse que não fazia mal, porque o remédio não era tóxico, embora pudesse ter acontecido algo bem pior."

"Meu filho Darío começava a engatinhar e vinha atrás de mim, sem que eu o notasse. De repente fechei a porta e lá estavam seus dedinhos. Quebrei três deles, que tiveram de ser engessados por mais de quatro semanas."

"Meu filho estava em seu andador e chegou até a cozinha; eu estava fervendo água em uma panela com cabo longo. O garoto se pôs nas pontas dos pés para pegar o cabo, derramando a panela. Estava só de meias e queimou um pé. Felizmente não se queimou mais, porque havia muito pouca água na panela. Já se passaram oito anos e nunca me perdoei pelo descuido."

"Meu filho de 3 anos mastigou uma bola de Natal. Tirei-a de sua boca o melhor que pude, mas tivemos de levá-lo à emergência de um hospital para limparem perfeitamente."

"Estava amamentando meu segundo filho e dormi, vencida pelo cansaço. O bebê se afogou com meu próprio leite. Isso aconteceu mais de sete anos atrás, e você não sabe como esse descuido me tortura."

"Meu filho se afogou em uma piscina quando tinha 2 anos e meio por um descuido de todos os adultos que estavam em volta. Você pode pensar que isso nunca acontecerá com você, mas comigo aconteceu."

Prevenção de acidentes fora de casa

Quando a criança chega aos 2 anos pede aos gritos mais independência. Além do mais, é a fase da creche e da pré-escola.

Como pais, garantem os especialistas, nossa obrigação é proporcionar aos filhos cada vez mais responsabilidades sobre si próprios e temos de ensiná-los a se cuidarem para evitar acidentes.

Se saírem à rua conosco, temos de explicar para eles, sem atemorizá-los, sobre os danos que carros e outros veículos podem causar e que, portanto, nunca se deve atravessar uma rua sem dar a mão para uma pessoa adulta até que cresça. Também temos de ensinar a eles os diferentes símbolos e cores dos semáforos e devemos habituá-los a olhar para os dois lados antes de atravessar, fazendo-o sempre nas esquinas.

> *A superproteção pode transformar a criança em um ser demasiadamente tímido e dependente. Na maioria das vezes, as precauções são geralmente uma questão de bom senso: permitem prever os problemas, em vez de termos que lamentá-los quando ocorrerem. O bom senso dos pais que se preocupam com a segurança no lar serve como exemplo para as futuras práticas de segurança dos filhos.*
>
> VILLAREAL

Apesar de ser uma exigência legal, alguns pais permitem que crianças pequenas sentem-se no banco dianteiro, "mas só desta vez", sem pensar no perigo ao qual estamos expondo-as. Dentro do carro é preciso mandar que sentem no banco traseiro, sempre com o cinto de segurança preso. Temos de dar o exemplo. É também importante ensinar à criança como soltar o cinto de segurança, para que saibam como fazê-lo em caso de acidente.

Para sua própria segurança, é indispensável que desde pequenas as crianças aprendam que ao andar de bicicleta, patins ou patinetes, o capacete, as joelheiras e as cotoveleiras são indispensáveis.

Os parques de diversão são os locais onde, por excelência, as crianças se acidentam. Balanços que voam cada vez mais alto e crianças que atravessam por ali sem se darem conta do perigo, escorregadores de onde escutamos risadas e com medo vemos como a criança de trás empurra nosso filho. Infelizmente, na maior parte dos nossos parques, as diferentes atrações ou brinquedos estão em péssimas condições; isso nos obriga a redobrar a vigilância. Também exige que expliquemos à criança os perigos a serem evitados, para não se machucarem nem caírem. Por exemplo: que não saiam do balanço até que ele tenha parado por completo, e também que não empurrem nenhuma criança no corrimão, no escorregador ou no tobogã.

Esportes

As crianças menores de 10 anos geralmente se machucam brincando entre si. Normalmente, os mais crescidos se acidentam praticando esportes.

Em geral, afirmam os médicos dos esportes, quanto mais idade e peso tiver a criança, mais graves serão as lesões produzidas pelos acidentes esportivos, já que a violência do impacto não é a mesma se falamos do embate de duas crianças de 7 anos e de duas outras de 14.

Se decidirmos que nossos filhos devem praticar algum esporte, devemos nos certificar de que eles sejam suficientemente treinados e que joguem com companheiros de sua idade, tamanho e peso. Temos de nos assegurar sobre a presença de pelo menos um monitor adulto e responsável, com capacidade de oferecer primeiros-socorros e de praticar ressurreição cardiopulmonar, se for preciso.

Muitos leitores poderão pensar que se trata de um exagero e que tudo isso coíbe a necessidade de a criança explorar e inclusive aprender por sua própria experiência. Não esqueçamos, porém, que criança é criança, e, portanto, não é o caso de confiar muito em seu critério discriminatório; elas estão experimentando e, se podemos evitar que danos físicos aconteçam, por que esperar que aprendam a se cuidar depois de ter um braço quebrado, ferimentos na cabeça, alguma queimadura ou então ter comido uma bituca de cigarro encontrada no cinzeiro? É melhor nos pouparmos do susto e da culpa por não termos agido a tempo, evitando que sofram dor física. Façamos de nossa casa um lugar seguro e à prova de crianças; logo teremos tempo para adequar o lar ao nosso gosto e fazer uso de todas as "bugigangas" que nos encantam. Mais vale prevenir que lamentar, sem esquecer que os filhos serão crianças apenas uma vez na vida.

Perguntas

O lar é um dos lugares mais perigosos para a criança. Vamos pensar se em nossa casa há todo tipo de medidas de segurança para evitar desgraças.

1. Conheço que tipos de plantas tenho em casa? São venenosas? Saberia o que fazer caso meu filho comesse alguma?
2. Conto com um estojo completo de primeiros-socorros e tenho à mão os telefones de emergência?
3. Se meu filho se engasgar com um pedaço de comida, saberei o que fazer para que o cuspa?
4. Já falei com meus filhos sobre os perigos do fogo?
5. Quando saímos de férias, deixo fechado o registro do gás e desligados todos os aparelhos que possam causar um curto-circuito?
6. Sou como as mães que pensam que seus filhos nunca vão passar por nenhum perigo dentro de casa?

6

Nossos filhos e sua segurança física

Sempre pensamos que nada de ruim vai acontecer conosco. Entretanto, famílias que conheço sofreram na própria carne. Trata-se do sequestro dos filhos. Isso pode acontecer no mercado, na rua, no shopping center ou no automóvel. Aqueles segundos em que nos descuidamos podem ser suficientes para que atuem os que estiverem nos observando.

A quantidade de sequestros de crianças varia, mas segundo organizações especializadas na busca de menores, no México, como a Fundação Nacional de Pesquisas de Crianças Roubadas e Desaparecidas, México Unido contra a Deliquência, entre outras, 45 mil crianças desaparecem anualmente no país. O destino desses pequenos é, muitas vezes, a exploração sexual, outras vezes a exploração do trabalho, venda de órgãos ou venda a casais no exterior. Na melhor das hipóteses, as vítimas são recuperadas sãs e salvas por seus pais em troca de vultosos resgates. O problema é grave e uma realidade que não podemos nem devemos esconder, e sim estarmos sempre muito alertas.

Inocência em perigo

"Juegos sin terminar" ("Brinquedos sem terminar") é o nome do projeto mexicano que contribui para a busca de crianças extraviadas e coloca a serviço da sociedade informações oportunas, completas e relevantes para colaborar nesse tipo de procura.

"Juegos sin terminar" traduz o estilo de entidades de que as pessoas necessitam para buscar de maneira organizada e estruturada crianças desaparecidas. O programa conta com uma página eletrônica criada para essa única finalidade.

(JuegosSinTerminar.cem.itesm.mx)

Custa-me reconhecer, mas é preciso ensinar aos nossos filhos, sem assustá-los, o que fazer se enfrentarem uma situação dessas.

Este livro da coleção **Aprender para crescer** trata precisamente de apresentar aos pais uma série de medidas que podemos tomar e outras que devemos ensinar às crianças para evitar qualquer forma de abuso físico contra elas, e isso inclui sequestro, pornografia pela internet e abuso sexual. A diferença do resto dos textos dessa série é que neste livro quase não se incluem testemunhos, devido fundamentalmente ao fato de os pais de crianças vítimas de algumas dessas dolorosas situações preferirem não falar sobre o tema.

Fiquemos sempre em alerta

O roubo, o sequestro e o desaparecimento de crianças deixaram de ser um problema de segurança pública para se tornarem uma questão de segurança nacional, apontam os analistas, que também qualificam a República Mexicana como um dos principais países, depois do Brasil, com as mais elevadas taxas de sequestro de crianças.

O Fundo das Nações Unidas para a Infância (Unicef) garante que esses altos índices se devem aos níveis de pobreza da população e ao fato de 32,5 milhões de mexicanos serem crianças com menos de 14 anos, o que converte o México em um país vulnerável para que o delito aconteça.

As raízes da violência organizada e da violência familiar são os maus-tratos e o abuso sofrido na infância.

MILLER

Em recente estudo, o organismo internacional concluiu que muitas das crianças sequestradas são obrigadas a trabalhar na indústria do sexo, usadas para o tráfico de drogas ou são dadas para adoção ilegal no exterior: "Pelo menos 20 mil crianças mexicanas são vítimas do comércio sexual nas seis maiores cidades do país", expõe a Unicef

As modalidades do sequestro são várias: vão desde uma mulher disfarçada de enfermeira ou assistente social, e as que se fazem passar por empregadas, até amáveis desconhecidos, que, ao primeiro descuido, tiram a criança de seus pais. Isso pode acontecer na rua, no carro, no supermercado e, por vezes, na nossa própria casa. Em outras ocasiões, os delinquentes estudam ao extremo todos os movimentos da família e aproveitam o momento mais inesperado para sequestrar a criança.

É indispensável que as crianças saibam como agir diante de uma situação de perigo. Da mesma maneira, é importante a forma com a qual sugerimos fazê-lo

Por isso, convém tomar nossas precauções, sem nos tornarmos paranoicos.

É preciso advertir as crianças que tenham cuidado, e não medo.

Podemos incutir nelas uma série de regras básicas que devem seguir para sua própria segurança:

1. Se sairmos com a criança para um local público e repentinamente a perdermos de vista, vamos instruí-la para não dar voltas, assustada, sendo melhor que se dirija a algum funcionário do lugar e lhe peça ajuda para nos localizar. Muitas mães quando chegam a algum lugar público, como um parque, mercado, shopping etc., entram em acordo com os filhos sobre o lugar em que deverão se encontrar no caso de se separarem. É preciso explicar à criança, sem angústia, que mais vale prevenir, e que trate de ficar próxima aos pais.

2. Ensinar-lhes que nunca e por nenhum motivo devem entrar no carro de alguém sem que o pai ou a mãe as tenha autorizado. Muitas pessoas desconhecidas, de dentro de um carro rodando, podem perguntar à criança sobre alguma rua, com a intenção de fazê-la entrar no carro e ser sequestrada; diga a seus filhos que um adulto, em seu bom senso, nunca perguntaria a uma criança sobre qualquer endereço. Portanto, é melhor desconfiar e fugir. A regra de ouro: NÃO FALAR COM ESTRANHOS.

   Há casos em que o bandido pede à criança para ajudá-lo a procurar seu cãozinho de estimação, valendo-se desse pretexto para sequestrá-la. Em outros casos, o sequestrador recorre à criança na escola, inventando que seus familiares pediram que ele a apanhasse. Frisemos que ninguém deve buscá-los em lugar algum, em substituição aos seus pais. Também é importante explicar à criança que o sequestrador pode mentir, dizendo que sua mãe teve um acidente e teriam pedido a esse adulto que a apanhasse. Lamentavelmente, é preciso ensiná-las a desconfiarem e a terem cuidado.

3. Se alguém a obrigar a ir para outro lugar, devemos recomendar à criança que trate de fugir e gritar que estão tentando levá-la.
4. Hoje em dia, como pais, devemos evitar que nossos filhos andem sozinhos e fiquem sem a vigilância de um adulto em qualquer lugar, não só os públicos.
5. Eduquem os filhos para que sempre lhe peçam permissão para sair e que avisem onde estão.

6. Caso nós não possamos apanhar a criança em determinado lugar, devemos avisá-la. Muitos pais mantêm uma espécie de senha com a criança, para que esta tenha certeza de que se trata da pessoa que eles enviaram.
7. As crianças não devem aceitar presentes nem doces de desconhecidos, e tampouco guardar segredo dos adultos. Em casos assim devem nos avisar imediatamente.
8. Ninguém deve fazer fotos nem vídeos de nossos filhos. Se estes notarem qualquer coisa nesse sentido, devem reportar à escola ou a nós.
9. Sobretudo, devemos ensiná-los que têm o direito de dizer NÃO quando algo lhes pareça estranho ou quando alguém tentar levá-los.

Nós, pais, somos os primeiros a tomar todas as medidas de precaução para evitar que prejudiquem nossos filhos.

Quantos de nós não saímos do carro “só um momentinho” para ir à tinturaria, à loja ou à farmácia: “São dois minutos. Ora, o que poderia acontecer se meu filho ficasse sozinho?” Tudo. Esses 120 segundos bastam para que aconteça qualquer coisa. Falo por experiência. Meu caso não é tão lastimável, mas foi muito traumatizante para minha filha Lucía. Certa terça-feira, à tarde, depois de deixar Daniel em sua aula de música, fomos até a farmácia. Claro que não havia lugar para estacionar, e me pareceu bem fácil ficar em fila dupla. Saí por “dois minutos”, e, quando voltei, meu carro estava sendo rebocado por um guincho da polícia com Lucía dentro dele. A menina estava aterrorizada e chorava muito. Consegui que soltassem o veículo e, depois de reconhecer meu erro e ser multada, convenci os policiais sobre o dano que estavam causando à minha filha, e finalmente eles foram embora. Lucía não parava de chorar com o impacto tão grande que a acometeu. Por sorte, tinha sido a polícia que rebocava meu carro e não um desconhecido que quisesse sequestrar minha filha. Nunca mais me passou pela cabeça cometer novamente tamanha barbaridade, "nem que saia do carro por meio segundo".

> *Muitas vezes, o dano emocional severo à criança maltratada não aparece senão na adolescência, ou até mais tarde, quando muitos desses assediados se convertem em pais abusivos, que começam a maltratar seus próprios filhos.*
>
> ACADEMIA DE PSIQUIATRIA DA CRIANÇA E DO ADOLESCENTE

Outro erro que cometemos é sair do carro e deixar as crianças dentro para abrir a porta da nossa garagem. As pessoas treinadas em assuntos de segurança apontam que o melhor é tirar os filhos do carro, deixá-los em casa e sair sozinho para guardar o veículo; ou então, que nos acompanhem para abrir a porta da garagem e voltem conosco para o carro. É mais complicado, mas vale a pena perder mais três minutos que levar um susto.

Devemos procurar fazer com que nossos filhos saibam seu nome completo, o nosso, seu endereço e telefone, embora não devam passar esses dados a qualquer pessoa que os pedir.

Nunca devemos confiar nossos filhos a algum desconhecido, nem sequer por dez segundos, tempo suficiente para que ele corra e suma com a criança.

Não devemos soltar a mão da criança. Bastam alguns segundos para que a levem de nós.

Quando a criança estiver brincando em lugar público, não se pode perdê-la de vista. Se tivermos mais de dois filhos, é conveniente não sair sozinha com eles.

Se uma enfermeira ou assistente social se apresentar em nossa casa, é preciso pedir-lhe uma identificação e verificar seus dados antes de deixá-la entrar.

Devemos manter fotos recentes do pessoal que trabalha em nossa casa e os que mantêm contato com nossos filhos. É interessante também atualizar constantemente as fotos das crianças e manter uma folha com suas impressões digitais.

Se nós as apanharmos na escola, sempre é bom ter duas ou três rotas alternativas e ficarmos atentos se alguém está nos seguindo.

Temos de colaborar com os amigos dos nossos filhos e seus pais, para proteção de todas as crianças da comunidade.

Devemos insistir no fato de que todas as festas para as quais nossos filhos sejam convidados estejam bem supervisionadas.

Nunca podemos permitir que eles fiquem sem nossa assistência, especialmente no carro. Se percebermos que algum estranho presta atenção especial ao nosso filho, devemos verificar de quem se trata ou comunicar ao pessoal de segurança ou até a polícia, se necessário.

O importante é desenvolver e manter
uma comunicação aberta com os filhos para que eles
tenham confiança em compartilhar conosco qualquer assunto

Devemos estar sempre perto dos amigos de nossos filhos e fazer de nossa casa um ponto de encontro, pois assim teremos como observar cada um deles.

Os especialistas em segurança infantil recomendam brincar com as crianças jogos como "Que aconteceria se um estranho se oferecesse para levá-lo à sua casa, ou lhe pedisse ajuda para procurar um cão perdido?"

> *O único método verdadeiramente comprovado para combater o tráfico de menores é a prevenção, que implica a cultura de segurança. Por isso, desde o nascimento de uma criança se deve identificar seu tipo de sangue, impressões digitais e traços físicos. A prevenção deve ser feita, não só junto aos pais de família, mas como também em centros escolares, hospitais, centros de maternidade e autoridades.*
>
> INTERPOL MÉXICO

Uma amiga, psicóloga infantil, fez um teste em um parque público perguntando a um grupo de garotos entre 8 e 11 anos se poderiam ajudar a procurar seu cãozinho que havia fugido. "Se eu fosse uma sequestradora de crianças poderia levar mais de 80% dos menores, porque quase todos estavam dispostos a ir comigo atrás do animal", conta.

Paralelamente a todas essas precauções, o mais importante é desenvolver e manter uma comunicação aberta com os filhos, para que depositem suficiente confiança em nós a ponto de nos contar qualquer coisa.

Evitemos o abuso

A segurança física da criança não implica somente cuidar para que não seja sequestrada; é também evitar que alguém, inclusive próximo à família, abuse dela física ou sexualmente, e a introduza ao malfadado mundo da pederastia ou pedofilia.

> *Nos Estados Unidos, segundo dados colhidos em 50 estados mais o Distrito de Colúmbia, só em 1996, 1.077 meninos e meninas morreram por causa de abuso ou negligência; desses, 77% tinham 3 anos ou menos. Na América Latina, não menos de 6 milhões de garotos, garotas e adolescentes são objeto de agressões severas, e 80 mil morrem por ano em decorrência da violência no seio da família.*
>
> UNICEF

A pesquisadora social Elena Azaola, sob os auspícios da Unicef, do Sistema de Desenvolvimento Integral da Família (DIF) e do Centro de Pesquisas e Estudos Superiores de Antropologia Social (Ciesas), do México, revela o seguinte no estudo *Infancia robada* (*Infância roubada*):

> Mais de 20 mil meninos e meninas mexicanos são sexualmente explorados. O problema, além dos danos emocionais, psicológicos e físicos com os quais os menores têm de conviver no presente e no futuro, também tem a ver com a fraqueza da sociedade, que não só deixa o fenômeno se alastrar como até o incentiva. O que pode uma sociedade esperar de si própria se excede seus limites e

o faz com suas crianças? Que farão as crianças (exploradas) com seu ressentimento no futuro? O problema não envolve apenas as vítimas e seus exploradores ou os aliciadores e bandos de tráfico de crianças, como também o governo federal e cada um dos mexicanos que permitiram o avanço da exploração sexual de menores.

De acordo com dados da Direção Geral de Atendimento à População Vulnerável do DIF (México), as formas mais comuns de exploração sexual comercial infantil, que atinge 90% dos casos, são o abuso sexual realizado por maiores que conhecem a criança e aqueles realizados por familiares diretos. Ao primeiro segmento, correspondem 47% dos casos e, ao segundo, 45%. Em terceiro lugar está a pornografia, com 8%.

Segundo psiquiatras, existem três categorias de usuários identificados como abusadores infantis. Em primeiro lugar estão os pedófilos ou pederastas, os quais, por causa das desordens da personalidade, preferem abusar sexualmente de pré-adolescentes. Em segundo lugar, reside um grupo de adultos também portadores de certas disfunções da personalidade, com preferência sexual por crianças pequenas, os quais se mostram muito sedutores, mas que são em geral pessoas introvertidas e sádicas. Por último, aparecem os que cometem abusos sexuais contra meninos e meninas, mas de maneira circunstancial, pelo que parece não se tratar de situações planejadas, mas que ocorrem por ingestão descomedida de álcool e consumo de drogas, ou porque o meio ambiente o propicia.

Como afirma Azaola, em que pese a crença de que muitos dos meninos e meninas sequestrados sejam utilizados para exercer a prostituição em centros turísticos, nacionais e internacionais, a realidade demonstra que eles, em sua maioria, são sequestrados com a finalidade de adoção em países desenvolvidos. Quanto mais idade tiver a criança (de 10 anos ou mais) mais aumentam as possibilidades de que venha a ser inserido no comércio sexual.

Carmen Maurer, psicóloga infantil, afirma que, como pais, podemos ensinar a nossos filhos como se prevenirem contra o abuso infantil sem mencionar a palavra abuso. Maurer destaca:

> Podemos fazer isso sem enchê-los de medo, sem lhes dizer o que é um abuso, nem quem são os ofensores, o que fazem e por quê. Pelo contrário, é preciso administrar a prevenção a partir de um ângulo positivo, capacitando as crianças a agirem de maneira eficaz e por sua própria conta quando se encontrarem em situação perigosa e estiverem sós. Podemos ensinar-lhes, por exemplo, que seu corpo lhes pertence e que ninguém tem o direito de tocá-los nem de maltratá-los. Podemos dizer que, se não gostarem da forma de alguém os tocar ou os olhar, têm direito de dizer NÃO e comunicar o fato a um adulto. Podemos dar à criança uma série de recomendações que a faça se sentir segura de si. A segurança é a melhor arma que lhes podemos legar para que possam dizer NÃO e bloquear os abusadores.

O abuso e os maus-tratos à criança constituem um problema que compete a todos os países do mundo. Por isso, o dia 19 de novembro foi reconhecido como o Dia Mundial da Prevenção do Abuso da Criança. Trata-se de uma iniciativa da Fundação da Cúpula Mundial da Mulher (FCMM), na qual se envolveram 149 organizações de 59 países do mundo e que tem como meta fomentar uma cultura de prevenção do abuso infantil em todo o planeta.

A Convenção dos Direitos da Criança estabelece, em seu artigo 19, ser obrigação do Estado proteger a criança contra todas as formas de violência e maus-tratos cometidos por pais, mães ou qualquer outra pessoa dedicada ao seu cuidado.

Fonte: Rede pelos Direitos da Infância do México.

Além de todas as recomendações dadas à criança, é importante que participemos, junto com a escola, dos programas de prevenção. Infelizmente não são muitas que estabeleceram esses programas, mas podemos começar promovendo redes de apoio e vigilância na hora da entrada e saída na escola de nossos filhos; podemos evitar ficar além do necessário fora da escola, conversando com outras mães, já que isso dá margem para que descuidemos dos nossos filhos, sendo que alguém pode estar observando sem que nos demos conta. Existem testemunhos sobre vendedores ambulantes que convencem a criança de que vão lhe dar a figurinha mais recente do seu álbum se os acompanharem. Também há testemunhos de que esses mesmos vendedores obtêm todas as informações possíveis sobre a criança quanto às suas atividades e as de sua família, para posteriormente a sequestrarem.

> *As crianças que exercem seu direito à segurança sem temor e aquelas que aprenderam a pensar por si próprias são as mais seguras de todas.*
>
> ANÔNIMO

Tudo isso parece exagerado. Eu mesma, quando tomei consciência da dimensão do problema, assustei-me e decidi falar com Daniel e Lucía sobre esses temas tão escabrosos, mas sem os assustar. Fiz isso como se fosse uma brincadeira, como a mencionada antes, "O que você faria se...?"

O abuso sexual deixa sequelas difíceis de superar, que vão além dos hematomas causados por golpes ou o dano à genitália infantil. O transtorno produzido ao menor molestado é incomensurável; sabe-se que o efeito da experiência vivida marcará seu futuro e suas relações interpessoais. Os especialistas afirmam que a maneira pela qual os pais da criança enfrentam e assimilam a situação será crucial para o desenvolvimento emocional do pequeno.

É uma experiência muito forte e muito dolorosa, que provoca sentimentos como o ódio, a raiva e a ira. Como pais da vítima, é preciso estar muito conscientes da importância de a criança sentir nosso apoio; por isso, devemos esclarecê-la de que nossos sentimentos não são contra ela e sim contra quem as agrediu.

A maioria dos menores que sofrem abusos chega a desenvolver um verdadeiro sentimento de culpabilidade. Muitos não conseguem compreender que tenham sido molestados sem haver uma razão, sem terem feito nada para merecê-lo. É preciso deixar claro à criança que é sempre a pessoa mais velha a culpada.

GARCÍA

Quando a criança nos disser que alguém lhe fez algo ou nos relatar sobre uma situação que nos pareça suspeita, devemos sempre acreditar nela, ainda que saibamos que criança gosta de inventar histórias. É muito pouco provável que inventem uma sobre abuso sexual.

A desesperança é um dos tantos sentimentos experimentados pelos pais dessas crianças. Mesmo que a experiência marque a vida dos pequenos, temos que apoiá-las e estar sempre ao seu lado. Por vezes, em nosso desespero, repreendemos e reclamamos da criança, e até a acusamos de cumplicidade. Isso, recomendam os especialistas, não deve ser feito porque incitamos a criança a cometer alguma ação negativa contra si própria.

Nunca deixemos que os sentimentos nos dominem; o bem-estar da criança é a prioridade. Se estivermos perturbados é preferível nem falar com a criança nessas horas. Devemos colocar nossas ideias e sentimentos em ordem para depois conversarmos sobre tal acontecimento. Temos de lembrar, a todo momento, que a criança carece de nossa proteção.

O abuso infantil é um padrão de maus-tratos ou comportamento imoderado dirigido à criança e que afeta os aspectos físico, emocional e/ou sexual. O abuso físico apresenta-se quando um adulto ataca deliberadamente o menor; o abuso sexual inclui assédio e exploração sexual, enquanto os maus-tratos emocionais geram efeitos devastadores e sistemáticos originados de palavras, gestos e atitudes do outro. Por outro lado, a negligência abrange atos que implicam descuido, apatia, abandono e/ou indolência por parte das pessoas encarregadas de zelar pelo menor, com consequências negativas para a saúde geral da criança.

Extraído de www.iladiba.com

A pornografia infantil existe

Ainda que não queiramos acreditar, existe uma máfia internacional perfeitamente organizada que se dedica a atrair crianças para lucrar com elas e com sua sexualidade.

Os pedófilos, que possuem formas bem peculiares para atrair a atenção infantil, abusam dos pequenos e, posteriormente, os integram em amplas redes de prostituição ou produzem pornografia com eles.

De acordo com um documento elaborado pela polícia espanhola, há uma série de condutas e lugares aos quais recorrem esses doentes, o que permite detectá-los.

Os maus-tratos e o abuso infantil são uma temática que abarca todas as pessoas e a sociedade em seu conjunto, e cuja base fundamental é o mau uso do poder que adultos e adultas exercem sobre meninos e meninas.

PAULUZZI

Alguns pedófilos frequentam os locais públicos de recreio infantil ou os lugares onde haja máquinas de moedas e oferecem à criança algumas partidas, ou a desafia a jogar contra ele. Os abusos não são produzidos no primeiro encontro, uma vez que tais indivíduos normalmente tentam conquistar a confiança da vítima. Outros preferem convidar o menor a tomar um sorvete ou refrigerante, ou se oferecem para levá-lo ao cinema.

As áreas marginais atraem essas pessoas, já que aí é mais fácil encontrar crianças ou adolescentes que não recebem atenção ou que sofrem de muitas necessidades sociais, educativas e principalmente emocionais. Então, oferecem às crianças algum tipo de trabalho e garantem dinheiro fácil.

"Saí de minha casa com 8 anos, porque minha mãe preferia esse tal senhor a mim. Aqui a prostituição funciona de dia e de noite, mas principalmente à noite. Conheço alguns caras que foram morar com gringos. São os que mais procuram por crianças para sequestrar e trocar por dinheiro. Dois dos meus amigos morreram de Aids." Esse é o testemunho de um adolescente dedicado à prostituição, para quem não importa se a prática é com homens ou mulheres. Pela sua atividade, cobra entre 100 a 500 reais, explica Elena Azaola em seu estudo antes mencionado.

A maioria das crianças sequestradas é capturada com o propósito de ser dada para adoção em países desenvolvidos

As saídas das escolas e parques também são lugares onde os pederastas atuam. Muitas vezes, depois de observação e vigilância de sua vítima, recorrem ao sequestro.

Algumas redes de tráfico de menores capturam crianças e adolescentes em discotecas, valendo-se de outros menores que agem como iscas. São geralmente jovens que tentam seduzir a adolescente para depois levá-la, enganada, até um automóvel ou local onde o bandido a espera. Também podem utilizar outra menor, ameaçando-a de morte ou violação.

> *Um estudo realizado na Costa Rica junto a 121 meninas, meninos e adolescentes prostituídos revela que 64% disseram haver presenciado violência conjugal contra sua mãe; 62% foram vítimas diretas de maus-tratos físicos; 62,8% sofreram violência verbal; 80% reportam abusos sexuais antes dos 12 anos de idade, enquanto os outros 20% reportam abuso sexual, embora não necessariamente antes dos 12 anos.*
>
> PANTOJA

A internet é o mais novo veículo utilizado pelos pederastas e que perturba os departamentos de polícia de todo o planeta.

Os pederastas intrometem-se nos canais de conversação escrita, ou chats da internet, fazendo-se passar por meninos ou meninas em busca de novos amigos. Assim verificam a situação de alguns menores, seus gostos e preferências, até que conseguem agendar um encontro em um cinema ou lanchonete para se conhecerem melhor.

Outra técnica é o emprego de animais exóticos para atrair a atenção das crianças em feiras, parques e outros locais. Fazem fotos com os tais animais para depois oferecê-las a seus pais. Muitas crianças fornecem seus dados para que possam enviar as fotos ou ir até sua casa.

Dessa maneira, o pedófilo pode elaborar uma base de dados sobre a criança com seu endereço, telefone e fotos.

Os shopping centers também são locais ideais onde esses criminosos atuam enquanto o pai ou a mãe procuram por algum produto em especial; a criança se descuida e o molestador pega pela sua mão dizendo-lhe que irá levá-la aos seus pais. Leva o pequeno dali, troca suas roupas, por vezes o narcotiza e sai do estabelecimento sem nenhum problema.

As formas de sequestro são várias e muito sofisticadas. Mas insisto: não são exageradas.

Aceitemos ou não, as estatísticas apontam que um de cada três abusos sexuais é cometido no ambiente familiar, por parte do pai, de um tio ou de um avô. Devemos cuidar de nossos filhos contra os adultos que se aproximam demasiadamente e de quem percebemos conduta estranha.

Já que não existe um perfil bem definido desse adulto que abusa, os departamentos internacionais de polícia estabeleceram um retrato de suas características a partir daqueles que foram detidos.

Mais de 90% deles são homens e 70% situam-se acima dos 35 anos de idade. Parecem ser profissionais bem qualificados. Frequentemente procuram trabalho ou atividades que lhes permitam estar perto de crianças. Em 75% dos casos não possuem antecedentes penais. Seu nível de reincidência é altíssimo, mesmo depois de descobertos e condenados. Não parecem criar conflitos na prisão e revelam bom comportamento.

Não reconhecem os fatos nem assumem sua responsabilidade. Normalmente têm uma família a seu cargo e frequentemente possuem filhos pequenos.

Nunca deixemos que os sentimentos nos dominem; o bem-estar da criança é a prioridade

---

Uma das modalidades mais bem conhecidas para sequestrar crianças é fazer-se passar por enfermeira e levar furtivamente o recém-nascido do lugar. No decorrer do último ano, a imprensa tomou ciência de pelo menos três casos. Da mesma maneira, passou informações, ainda que pareça notícia sensacionalista, de casos de menores de 2 anos que sofreram abusos sexuais. Infelizmente, todos os anos escutamos ou lemos notícias desse tipo. Como se isso não fosse suficiente para sentirmos vergonha, dor e medo por nossos filhos, também soubemos do grande número de bandos organizados que se dedicam à prostituição e à pornografia infantil envolvendo os próprios pais das vítimas. A internet transformou-se em um dos espaços mais visitados por tais organizações; por isso, assim como não deixaríamos nossos filhos sozinhos em algum bosque da cidade, tampouco devemos deixar que naveguem a sós pela superestrada da informação.

Os dados de pesquisas internacionais revelam que um dos principais problemas sociais é o abuso infantil. A saber: 95% dos abusadores de criança foram molestados em sua infância; 80% dos que usam drogas e álcool foram molestados durante sua infância; 80% das crianças que abandonaram o lar declaram como causa o abuso; 95% das prostitutas foram sexualmente molestadas; 78% da população carcerária foram também abusadas durante sua infância.

Fonte: Fundo Mundial para a Dignidade de Meninos e Meninas

Não se trata de proibir o menor de entrar na internet, e sim de saber quais são os sites que frequentam, quem são seus amigos cibernautas e com quem mantêm chats mais frequentes. Devemos aprender a prevenir e ensinar nossos filhos a se cuidarem e a confiarem em nós.

O abuso infantil via internet afeta todas as classes sociais, de todas as regiões do mundo. Os violadores de crianças já existiam antes do surgimento da internet, mas pareciam estar isolados e em silêncio. Agora, a rede on-line permite que se comuniquem uns com os outros. Os Estados Unidos e diversos países da Europa são os principais produtores, distribuidores e consumidores de pornografia infantil em todo o mundo. É possível localizar mais de 8 mil sites dedicados à pedofilia na internet, todos encontrados com muita facilidade.

Revista Del Sur

Perguntas

Os abusos físicos, sexuais e emocionais são grandes problemas que enfrentamos como pais. A única saída que temos é incentivar na criança, e em nós mesmos, uma cultura de prevenção.

1. Sei o que é abuso e as sequelas que deixa nas pessoas molestadas?
2. Falei com meus filhos, sem incutir-lhes insegurança ou medo, sobre os perigos que existem na sociedade de hoje?
3. Conheço seus amigos e as famílias deles?
4. Mantenho um bom relacionamento com a escola e, em geral, com o meio social que cerca meu filho?
5. Se meu filho navega frequentemente pela internet, conheço os sites que ele visita?
6. Quando saio com meu filho, tomo medidas suficientes de precaução? Ou seja: a criança sabe onde se encontrar comigo caso nos percamos de vista? Conhece seu endereço e telefone; entende que não tem de ir com ninguém e que não deve aceitar doces, presentes ou dinheiro de outro adulto?

Bibliografia

AZAOLA, Elena. *Infancia robada, ninas y niños víctimas de explotación sexual en México*. México: DIF-Unicef-Ciesas, 2000.

CORKILLE, Dorothy. *El niño feliz*. 15. reimp. México: Editorial Gedisa, 1991.

HIJAR, Martha; LOZANO, Rafael et al. Accidentes en el hogar en niños menores de 10 años. Causas y consecuencias. *Salud Pública*, v. 34, n. 6, nov./dez. 1992.

RAMÍREZ, Angélica. Acerca del desarrollo psicosexual. *Aprendamos juntos*, México, n. 2, set./out. 1998.

RODRÍGUEZ, Bertha Mary; PADILLA de TRAINER, Ma. Teresa. *Mediación en el divorcio: una alternativa para evitar las confrontaciones*. México: Escuela Nacional de Trabajo Social de la Unam, 2000.

RUBIO, José. *Narcisismo y carácter*. Instituto Mexicano de Psicoanálisis, Anuario, 1985.

SCHWARTZ, Pepper; CAPELLO, Dominic. *10 charlas que los padres deben tener con sus hijos sobre carácter y sexo*. 1. ed. Colombia: Editorial Norma, 2001.

UNICEF, Unicef *Innocenti Report Card*, www.unicefinnocenti.com.

WALLERSTEIN, Judith. *The unexpected legacy of divorce*. Estados Unidos: Hyperion Publisher, 2001.